CAHIERS PHILOSOPHIQUES

n° 169 / 2e trimestre 2022

CAHIERS PHILOSOPHIQUES
est une publication de la Librairie Philosophique J. Vrin
6, place de la Sorbonne
75005 Paris
www.vrin.fr
contact@vrin.fr

Sites internet
www.vrin.fr/cahiersphilosophiques.htm
http://cahiersphilosophiques.hypotheses.org
www.cairn.info/revue-cahiers-philosophiques.htm

Suivi éditorial
ÉMILIE BRUSSON

Abonnements
FRÉDÉRIC MENDES
Tél. : 01 43 54 03 47 – Fax : 01 43 54 48 18
abonnement@vrin.fr

Vente aux libraires
Tél. : 01 43 54 03 10
comptoir@vrin.fr

La revue reçoit et examine tous les articles, y compris ceux qui sont sans lien avec les thèmes retenus pour les dossiers. Ils peuvent être adressés à : cahiersphilosophiques@vrin.fr. Le calibrage d'un article est de 45 000 caractères, précédé d'un résumé de 700 caractères, espaces comprises.

ISSN 0241-2799
ISSN numérique : 2264-2641
ISBN 978-2-7116-6022-3
Dépôt légal : décembre 2022

SOMMAIRE

ÉDITORIAL

DOSSIER
ACTUALITÉ DE SPINOZA

LES INTROUVABLES DES CAHIERS

SITUATIONS

PARUTIONS

ÉDITORIAL

Qu'ils soient ou non philosophes, nombreux sont celles et ceux qui, de nos jours, « voient Spinoza à leur porte » et s'engagent dans des constructions qui se recommandent de son autorité. Le signifiant « Spinoza » est équivoque, articulé à des significations non seulement diverses mais hétérogènes les unes aux autres. Est-ce très différent du XVIIIe siècle où l'article « Spinoziste » de l'Encyclopédie distinguait déjà deux orientations divergentes : l'athéisme des « spinozistes anciens » et l'affirmation de la sensibilité de la matière par les « spinozistes modernes »? On se risquera à considérer que la philosophie de Spinoza manifeste une actualité « chronique » quoique sans cesse renouvelée par les questions vives du moment.

L'actualité présente tient d'abord à une nouvelle édition latine de l'*Éthique* consécutive à la découverte inespérée du manuscrit « du Vatican » ainsi qu'à une nouvelle traduction française, riche des enseignements fournis par cette copie possédée par Tschirnhaus, qui donne accès à un état de l'œuvre en 1675[1].

Elle tient aussi à la remobilisation de certains traits majeurs de la philosophie de Spinoza – tel la critique du finalisme – dans de nouveaux contextes, à commencer par celui du développement tous azimuts de la biologie. Le discours biologique est en effet très largement tributaire d'« explications fonctionnelles »[2] et le recours, prétendument descriptif, à une « fonction » masque une approche finaliste plus ou moins implicite. Ainsi, comparer les plaquettes sanguines à des « drones » capables d'assurer des missions de surveillance, de reconnaissance et même de destruction implique « une conception vocationnelle » du système immunitaire qui restreint beaucoup la compréhension des causalités complexes qui s'y trouvent impliquées[3]. La distinction spinoziste des genres de connaissance peut ainsi être mise à profit car elle permet de reconnaître que l'utilité du recours à la finalité en biologie relève d'un premier genre de connaissance et qu'il est possible et souhaitable de rechercher des séquences causales dans un ordre plus rationnel.

Il est à certains égards surprenant qu'à la fin du XIXe siècle, un médecin psychiatre anglais proche du positivisme – Henry Maudsley – fasse de Spinoza une des références principales de son ouvrage *The Physiology of Mind*, paru en 1876, alors même qu'il n'existe pas de « physiologie » précise chez Spinoza, par différence avec Descartes ou Malebranche[4]. Depuis lors, de nombreux auteurs intéressés par la nature de l'esprit, ou sous un autre angle théorique, du psychisme, se sont appuyés sur les textes de Spinoza.

La critique du finalisme est ici associée à une critique de la conscience et de la volonté. Même s'ils nous apparaissent prémédités, de nombreux mouvements animaux, y compris humains, ne sont pas davantage accompagnés de conscience que la formation d'un cristal ou la croissance d'un arbre. « Le

1. *Cf.* « Éditer et traduire Spinoza », entretien avec Pierre-François Moreau, p. 107-113.
2. *Cf.* M. Daëron, V. Legeay, « La fonction en biologie Une critique spinoziste », p. 10.
3. *Ibid.*
4. *Cf.* J.-L. Lantoine, « Maudsley, Spinoza et les "machines pensantes" », p. 81-82.

dessein d'un acte n'est autre chose que le corrélat dans l'esprit de l'observateur de la loi de la matière dans la nature » explique Mausdley[5]. Au rebours d'une opposition dualiste de la pensée et du corps, il importe de prêter attention à « ce que peut le corps », en l'occurrence à l'existence d'une mémoire organique. La plupart des facultés de la moelle épinière sont « graduellement acquises par l'expérience et l'éducation »[6] et si celle-ci ne possédait pas cette « faculté de rétention », elle ne serait qu'une « moelle épinière idiote ». Le psychiatre anglais reprend la définition spinoziste du désir comme « appétit conscient de soi » afin d'insister sur l'« attraction organique », conçue comme une nécessité physique partout à l'œuvre dans la nature et qui se manifeste dans le mouvement d'une aiguille aimantée aussi bien que dans nos attractions vers ce que nous qualifions de désirable ou bon, croyant être à l'origine de cette orientation. En fait, « nous sommes enclins à projeter sur l'élément organique nos propres états de conscience »[7] – des intentions, des volontés – en toute ignorance des propriétés fondamentales de la matière organique. Chez l'enfant qui exprime un désir dont il est pourtant inconscient, il est manifeste que la vie organique s'exprime quoique dans un « langage inarticulé ». Et même pour les adultes, « la vie cérébrale ou mentale inconsciente est plus fondamentale que n'importe quel état mental conscient ».

Maudsley critique toutefois Spinoza pour n'être pas remonté jusqu'aux « fondements physiologiques des passions ». Ce faisant, il néglige l'affirmation essentielle de la dualité des attributs *étendue* et *pensée* exprimant une seule et même substance. Le « naturalisme » de Spinoza diffère d'une pure physiologie même s'il accorde une place cruciale aux compositions et mécanismes corporels. Spinoza démontre en effet – *Éthique* II, 7 – que « l'ordre et la connexion des idées sont les mêmes que l'ordre est la connexion des choses ». La causalité physique naturelle, qu'il importe de chercher à connaître dans la complexité de ses ramifications, n'a pas d'effet direct sur les idées. Le scolie de la proposition II, 13 précise toutefois que « dans la mesure où un corps est plus apte que tous les autres à faire et subir plusieurs actions à la fois, dans la même mesure son âme est plus apte que toutes les autres à percevoir plusieurs choses à la fois ». La pensée est corrélée à la multiplicité des expériences du corps.

Comme le « naturalisme » de Spinoza ne réduit pas tous les phénomènes à une causalité physique simple, il permet de prendre en compte et de questionner la nécessité des phénomènes sociaux et politiques et ce, dans leur ordre propre. C'est sur cette base que certains courants des sciences sociales entrent aujourd'hui en dialogue avec cette philosophie singulière, qui refuse de penser la liberté comme libre-arbitre et qui tient compte de la structuration des imaginations et des affects par le social[8]. L'actualité de Spinoza procède notamment de son « anthropologie » élaborée sur la base d'une notion non essentialiste de « nature humaine », plutôt pensée comme une « structure d'activité commune ». Dans ce cadre, les institutions, propres

5. *Cf.* H. Maudsley, *Physiologie de l'esprit*, trad. fr. J.-L. Lantoine, dans ce numéro p. 89.
6. *Ibid.*, p. 93.
7. *Ibid.*, p. 98-99.
8. *Cf.* J.-L. Lantoine, « Génétique de la famille Nature et culture chez Spinoza », p. 69.

aux sociétés humaines, sont nécessaires mais ne sont pas « par nature »[9]. Si c'était le cas, on ne pourrait d'ailleurs pas comprendre leur variété, à l'échelle des différents groupes sociaux. L'étude des différents textes consacrés par Spinoza à la famille, parfois considérée comme une entité naturelle, est très éclairante pour réfléchir à la « genèse » complexe des liens sociaux.

Depuis un certain temps déjà, la philosophie de Spinoza s'est trouvée articulée à une certaine approche des questions écologiques ainsi qu'en témoigne l'œuvre de Arne Næss et de ceux qui se sont inscrits dans le sillage de la *deep ecology*. Mais l'idée que la nature est une « puissance infinie produisant une infinité de choses en une infinité de modes » n'oriente pas de façon évidente vers la compréhension des destructions irréversibles auxquelles nous assistons et qui sont principalement causées par l'hégémonie d'un certain modèle économique. Car la nature naturante est indestructible ; un littoral ou une forêt saccagés restent un littoral et une forêt « naturels ». À moins que cette thèse sur la nature ne permette justement de réfléchir aux caractéristiques de ce qui est détruit : ce sont, dans les termes de l'ontologie spinoziste, des « modes finis », des agencements singuliers, qu'il s'agisse d'écosystèmes, de lieux d'habitation et de vie et de tous les usages qui s'y rattachent. Et c'est vers une approche politique qu'il est nécessaire de se tourner pour réfléchir non à la causalité physique de ces destructions mais à l'autorité politique qui les laisse advenir ainsi qu'aux alternatives possibles. La rigoureuse critique spinoziste de l'anthropocentrisme est un élément théorique abondamment mis à profit, y compris dans certains textes internationaux, tels les *Rapports sur l'harmonie avec la nature* publiés par l'ONU[10].

Dans une période où la question de la vérité est devenue un enjeu polémique et politique, où la légitimité des discours qui prétendent dire la vérité est fortement mise en cause, la lecture de Spinoza offre également des repères précieux. Car d'une part, la possibilité d'accéder à la vérité est une certitude et le relativisme n'est pas de mise ; les idées vraies peuvent être articulées les unes aux autres et exposées *more geometrico*. D'autre part, il y a une nécessité de la formation des idées inadéquates qui occupent l'imagination des hommes. D'un point de vue spinoziste, il importe davantage de chercher à comprendre *comment* s'engendrent des pseudo-vérités qui suscitent une forte adhésion chez ceux qui vivent sous l'emprise de l'imagination que de chercher, vainement, à les combattre « au nom de la vérité ».

Cette reconnaissance de l'existence d'une pluralité de formes de discours éclaire le fait que la présentation des dangers qui menacent la planète prenne parfois une forme émotionnelle qui, pour être opposée à la rigueur scientifique, n'est pas pour autant méprisable ou même condamnable. L'expérience directe des enjeux écologiques est difficile à appréhender et le discours scientifique souvent abstrait. Il n'est peut-être pas possible dans ce contexte de faire l'économie de nouveaux « prophètes », dont la jeune Greta Thunberg pourrait bien être un exemple[11].

9. *Ibid.*, p. 70.
10. *Cf.* M. Dahlbeck, « Le prophète et la vérité Une approche spinoziste de l'écologie moderne », p. 25.
11. *Ibid.*, p. 38.

Cela n'implique pas pour autant de faire de Spinoza un partisan d'une liberté d'expression illimitée. Contre la lecture « libérale » du *Traité Théologico-Politique* développée notamment par L. Strauss, il est possible de montrer que la « liberté de philosopher », mentionnée dans le sous-titre de l'ouvrage, ne peut être assimilée à une simple liberté d'opinion jointe à une permission légale de l'exprimer (ainsi que le garantit le 1er amendement de la Constitution des États-Unis)[12]. La liberté de philosopher ne peut être un droit civil garanti par l'État. Car philosopher librement c'est philosopher, et cela implique nécessairement de chercher à promouvoir « la libre raison, sans rivaliser de colère, de haine et de ruse et sans s'affronter avec malveillance »[13].

La détermination spinoziste de la « liberté de philosopher » ouvre des perspectives quant à l'actuelle situation conflictuelle de la liberté académique car celle-ci peut justement être envisagée comme une modalité de la liberté de philosopher[14]. La parole universitaire ne peut en effet pas relever d'une simple liberté d'expression qui met sur le même plan tous les discours car elle a vocation à être « scientifique » au sein d'institutions dédiées à la recherche et au savoir. La question se pose du « contrôle » de cette parole académique qu'un État peut revendiquer avec des justifications idéologiques diverses. Si l'on reprend l'approche des tenants de la liberté académique, au XIXe siècle en Allemagne et au XXe siècle aux États-Unis, c'est aux seuls universitaires que reviendrait le droit d'évaluer et le cas échéant sanctionner les propos de leurs pairs[15]. À leurs yeux, l'université pourrait et devrait être comme « un État dans l'État », en dehors de toute ingérence d'un gouvernement mais aussi de toute participation démocratique du peuple. La lecture du *Traité Théologico-Politique* et celle du *Traité Politique* permettent de réfléchir à une alternative démocratique à cette clôture académique qui ne viendrait pas mettre en cause la liberté de philosopher. La démocratisation de l'institution universitaire et celle du corps politique participeraient d'un même mouvement d'accroissement de la puissance d'agir du peuple, autrement dit d'une multitude elle aussi en recherche d'une « vie sous la conduite de la raison ».

Nathalie Chouchan

12. *Cf.* M. Lærke, « Spinoza et la liberté de philosopher », p. 39-49.
13. Spinoza, *TTP*, XX-6, cité par M. Lærke, p. 51. **Pas de cité par, donner la ref originale.**
14. *Cf.* B. Missé, « Spinoza et la puissance de la liberté de penser », p. 51.
15. *Ibid.*, p.56.

Actualité de Spinoza

LA FONCTION EN BIOLOGIE
Une critique spinoziste

Marc Daëron et Vincent Legeay

Les débats philosophiques ou épistémologiques en biologie portent davantage sur les types de discours que sur les genres de connaissance à l'œuvre dans l'étude du fonctionnement des systèmes biologiques. Nous souhaitons montrer ici 1) qu'une critique du genre de connaissance est nécessaire pour comprendre la notion centrale de fonction en biologie; 2) que, mieux que d'autres analyses philosophiques, une critique spinoziste dévoile, dans les énoncés fonctionnels, des présupposés fondamentaux qui empêchent d'appréhender la complexité du vivant; et 3) qu'appliquée à la science contemporaine, une critique spinoziste, localisée, peut éviter au biologiste un certain réductionnisme épistémologique.

Un article publié dans le *Journal of Experimental Medicine* en 2017 assimile les plaquettes à des drones [1]. Les plaquettes sont de petits éléments figurés du sang qui résultent de la fragmentation de grosses cellules hématopoïétiques, les mégacaryocytes. Elles sont impliquées dans la coagulation et la formation des caillots sanguins. Elles contribuent également aux réactions immunitaires. L'analogie invoquée repose sur une série de « similitudes » qui sont détaillées dans l'article : comme les drones dépourvus de pilote, les plaquettes sont dépourvues de noyau, comme les drones équipés de radars, les plaquettes sont équipées de récepteurs, comme les drones ont accès à des espaces inaccessibles aux avions, les plaquettes ont accès aux plus petits capillaires, comme les drones transportent des armes létales et/ou non létales, les plaquettes transportent des molécules cytotoxiques et/ou pro-inflammatoires, comme les drones assurent des missions de surveillance et de reconnaissance, mais également des actions offensives, les plaquettes assurent des fonctions

1. J. L. Li, A. Zarbock, A. Hidalgo, « Platelets as Autonomous Drones for Hemostatic and Immune Surveillance », *Journal of Experimental Medicine* 214, 2017, p. 2193-2204.

de détection des pathogènes et de surveillance vasculaire, mais également de destruction des pathogènes.

Les analogies sur lesquelles repose cette métaphore ne sont pas morphologiques mais fonctionnelles. Les plaquettes ne ressemblent pas à des drones, elles fonctionnent comme des drones. Cette assimilation à des drones, dont on sait l'usage dans les guerres modernes, soutient une conception vocationnelle[2] d'un système immunitaire qui enrôle les plaquettes dans la guerre qu'il est « appelé à » mener contre les pathogènes. Ce qui est analogue c'est l'effet produit par des causes pourtant différentes. L'analogue formel qui unifie les fonctionnements causaux disparates, c'est la fonction accomplie par le fonctionnement. Explicites ou implicites, les fonctions sont omniprésentes dans les sciences de la vie. Le discours biologique est en effet un tissu d'explications fonctionnelles. Attribuer des fonctions à des myriades de molécules inconnues est aujourd'hui le défi prométhéen de la biologie d'après le séquençage du génome. Au point qu'une molécule sans fonction connue est « une molécule orpheline ». C'est donc la vocation, le but, la finalité qui, dans le discours biologique, systématise l'ensemble des procédés de fonctionnement hétérogènes au niveau des parties.

Le passage d'un fonctionnement à une fonction se présente comme une description. Il renferme en réalité deux procédures cachées, rarement rappelées : inversion et abstraction cognitives. Le fonctionnement de la plaquette s'explique par l'effet qu'elle produit sur l'ensemble du système. Cet effet, au niveau de l'ensemble, unifie les types de fonctionnement qui contribuent à cet effet, dont la plaquette n'est qu'un cas particulier. L'analogie fonctionne sur un présupposé apparemment anticartésien : il y aurait plus dans l'effet que dans la cause. Il y aurait plus à observer dans ce que produisent les plaquettes que dans les plaquettes elles-mêmes si l'on veut comprendre leur fonctionnement : l'effet semble rendre raison des causes, et non l'inverse, là se trouve l'inversion. Et c'est une fonction au niveau du tout[3], d'une totalité organique, qui est préférée au rapport entre des parties au sein de ce tout. C'est encore un présupposé situé en histoire de la philosophie : il y a plus de réalité, plus de raisons biologiques, dans la synthèse que dans l'analyse, là se trouve l'abstraction.

Dans ce genre de discussion sur les rapports entre finalité et fonction, on s'attache souvent à montrer que le normatif se cache derrière le descriptif. La phrase « les yeux permettent de voir » possède un régime discursif bien différent de celle qui énonce « les yeux sont faits pour voir ». C'est l'aspect discursif de l'inversion qui est souvent pointé[4]. Or, il ne s'agit pas du même problème lorsque l'on s'intéresse, non plus au type d'énoncés, mais au type de connaissance mis en place par l'observateur; ce qui, dans la représentation, dans l'imagination, signale le passage d'un fonctionnement à une fonction. La critique dans ce cas nécessite des outils philosophiques appropriés pour comprendre l'idée d'un effet qui permet d'unifier les causes. Car il s'agit

2. Nous utilisons le terme de vocation, dans son sens étymologique d'*appel* (*vocare*).

3. Sans que l'on puisse préciser, ici, si c'est l'individu, l'organisme ou le système sanguin qui constitue ce tout.

4. Sur cette question, une référence parmi beaucoup d'autres : A. de Ricqlès et J. Gayon, « Fonction », dans T. Heams, P. Huneman, G. Lecointre *et al.* (dir.), *Les mondes darwiniens. L'évolution de l'évolution*, vol. 1, Paris, Éditions Matériologiques, 2011, p. 137-161.

d'une violation du principe d'antécédence et d'une infraction à la théorie de la connaissance classique, faisant comme si les énoncés portaient sur les mêmes types d'objet, alors que ce n'est manifestement pas le cas. C'est donc une critique philosophique de la théorie de la science (au sens d'une philosophie qui se situe elle-même historiquement dans son accompagnement aux sciences de la nature) qui est exigée, et que nous allons proposer ici.

Une telle critique, qui s'intéresse aux genres de connaissance en jeu dans l'analyse des manières différentes de considérer un même objet biologique, ne peut provenir d'une philosophie cartésienne qui considère qu'il existe toujours autant ou plus de réalité dans une cause que dans un effet, puisque c'est le phénomène inverse qui est observé ici, sans qu'on puisse parler d'une « erreur » d'observation. Elle ne peut non plus venir d'une philosophie leibnizienne qui considère que les rapports physiologiques constituent des éléments d'explication pour une unification singulière où le tout substantiel n'est jamais réductible à ses composants matériels. Car l'analyse contemporaine du fonctionnement organique tente d'expliquer que les propriétés du tout, que n'ont pas les parties car ce sont des propriétés « émergentes », ne répondent pas à une définition métaphysique, mais immanente aux opérations observables physiologiquement. Pour résoudre le problème de description sur lequel nous avons débuté, nous ferons appel à la philosophie spinoziste, qui concilie une pensée critique de l'inversion finalisante avec une pensée de la composition comme accommodement méréologique.

Comment penser qu'une philosophie, qui n'a proposé aucune théorie médicale fondamentale (contrairement à Descartes[5]) ni élaboré des outils mathématiques aussi puissants que le calcul différentiel (contrairement à Leibniz) puisse permettre, mieux que d'autres, de cerner un problème de biologie ? Comment penser qu'un auteur du XVIIe siècle puisse avoir donné des outils capables de répondre à des questions posées par des biologistes du XXIe siècle ? C'est également ce que nous étudierons ici[6].

Nous essaierons de montrer d'abord que l'analogie fonctionnelle en biologie, en tant qu'elle est inscrite dans une situation cognitive anthropologique, engage un mode de connaissance, et non un simple discours de synthèse. Nous tenterons alors de montrer comment une conception spinoziste, ancrée dans un acte d'observation biologique dont Descartes et Leibniz ne pouvaient rendre compte, permet de dégager une théorie de ces genres de connaissances biologiques. Sur cette base, nous tenterons de fournir une distinction entre fonctionnement et fonction, en tant qu'elle est elle-même impliquée par les concepts spinozistes d'accommodement et de circonstances infinies. Nous discuterons enfin comment les attributions fonctionnelles, au fondement des énoncés biologiques, font obstacle à une appréhension de la complexité du vivant que la philosophie spinoziste permet de circonscrire, selon certaines conditions d'emploi.

5. Voir par exemple l'ouvrage définitif de R. Andrault, *La vie selon la raison. Physiologie et métaphysique chez Spinoza et Leibniz*, Paris, Honoré Champion, 2014.

6. Nous précisons immédiatement que nous ne nous intéresserons pas aux usages biologiques contemporains du spinozisme concernant les enjeux du réductionnisme corps/esprit, par exemple pour ce qui concerne J.-P. Changeux et A. Damasio, dont C. Jaquet a produit une critique spinoziste définitive dans *L'unité du corps et de l'esprit*, Paris, P.U.F., 2015.

Resituer la question : acte discursif ou théorie étiologique ?

Depuis toujours, « les organismes sont conçus par une analogie explicite avec les machines paradigmatiques du moment »[7] : machines hydrauliques, machines à vapeur, ordinateurs, drones etc. Si l'analogie n'est pas morphologique, mais fonctionnelle, elle ne porte pas sur le fonctionnement des organes et des outils, mais sur leur fonction comprise comme leur tâche : de même qu'un outil est dévolu à une tâche, une tâche est assignée à un organe. Réaliser cette tâche est la fonction de cet organe, comme sur une chaîne de montage où se succèdent les opérations dévolues à des ouvriers spécialisés qui utilisent les outils adéquats pour réaliser une tâche spécifique.

C'est sur ce type d'analogie que repose « l'analyse fonctionnelle » à l'origine des « théories systémiques » de la fonction, proposée par Robert Cummins en 1975[8]. Cummins se réfère en effet aux chaînes industrielles et aux circuits électroniques pour expliquer les processus biologiques dans les systèmes vivants. « Attribuer une fonction à quelque chose, c'est en partie lui attribuer une disposition », dit-il. L'analyse fonctionnelle d'un système revient alors à analyser les dispositions de ses parties. Ainsi, les capacités biologiques signifiantes d'un organisme entier peuvent être expliquées par la réduction de l'organisme en un nombre de systèmes qui ont, chacun, leurs capacités caractéristiques.

Les énoncés fonctionnels sont « un exemple spectaculaire d'un mode de pensée téléologique » dit Jean Gayon[9]. Dire que l'œil est fait pour voir fait appel à une cause finale, autrement dit, à une inversion de la causalité. L'explication par la cause finale implique l'existence d'une cause antécédente et matérielle. La cause finale n'existe que comme inversion de la cause antécédente, mécanique. Comment passe-t-on d'un fonctionnement (l'œil permet de voir) à une fonction (l'œil est fait pour voir), sans s'apercevoir de l'inversion produite ?

Une première réponse peut être linguistique. Car c'est sans doute le sens instrumental du mot « organe » qui est à l'origine du glissement qui induit à confondre les causes et les effets. Certes, l'idée qu'une fonction pourrait être remplie par un artéfact encore à inventer a en effet précédé l'idée de l'artéfact dans l'esprit de l'ingénieur, et celle-ci a, elle-même, précédé l'artéfact qui a pu enfin, une fois construit, assurer la fonction attendue. Si l'artéfact a bien été conçu pour assurer une fonction, ce n'est pas la fonction qui en a été la cause : c'est le fonctionnement de l'artéfact qui est la cause de la fonction qu'il assure. Malgré leur conception téléologique, les artéfacts ne se soustraient pas à la causalité scientifique. En absence d'ingénieur pour concevoir des organes, pas d'intention, pas de fonction à assurer, pas de préconception,

7. D. J. Nicholson, « The Concept of Mechanism in Biology », *Studies in History and Philosophy in Biological and Biomedical Sciences* 43, 152-163, 2012, p. 154. Voir aussi G. Canguilhem, *La connaissance de la vie*, Paris, Vrin, 1989.

8. R. Cummins, « Functional analysis », *The Journal of Philosophy* vol. 72, n° 20, 1975, p. 741-765.

9. J. Gayon, « Les biologistes ont-ils besoin du concept de fonction ? Perspective philosophique », *Comptes-rendus Palevol* 5, 2006, p. 479-487. Voir aussi A. de Ricqlès, J. Gayon, « Fonctions », art. cit.

pas de téléologie possible en biologie. Néanmoins, parce que les outils sont des artéfacts destinés à remplir une fonction, on assigne aux organes des fonctions comme on en assigne aux outils. Et, comme les lunettes, les yeux sont faits pour voir.

Cet acte d'assimilation purement nominal, ne dit pas comment la vision explique l'existence des yeux. C'est dans ce simple constat qu'une analyse linguistique ne peut se défaire d'une part d'observation de cette inversion cognitive et non seulement langagière. Il est nécessaire, pour le problème du genre de connaissance en jeu dans la reconnaissance d'une fonction dans un être vivant, d'en appeler à une théorie qui analyse non pas l'acte discursif de description de celle-ci, mais l'acte cognitif qui sous-tend l'observation. Dans un article fondateur [10], Larry Wright s'interroge : comment peut-on expliquer l'existence d'un organe ? Pour répondre, il élabore une théorie étiologique de la fonction qu'il formalise ainsi :

> La fonction de X est Z signifie :
>
> X existe parce qu'il fait Z,
> Z est une conséquence (ou un résultat) de l'existence de X.

Dire que X existe parce qu'il fait Z, revient à dire que Z est la cause de l'existence de X. Dire à la fois que la fonction de X est Z, et que Z est la cause de l'existence de X implique qu'une fonction est une cause. Cette cause est de nature historique. Elle dépend du caractère contingent de l'évolution [11]. En effet, dire que X existe parce qu'il fait Z non seulement explique l'existence de X par la capacité de X à faire Z, cela implique aussi que les ancêtres de X faisaient déjà Z et que X a été sélectionné parce que faire Z a conféré un avantage à X. La théorie étiologique de Wright va chercher les racines des fonctions biologiques dans l'histoire phylogénétique des organismes vivant aujourd'hui. C'est une théorie « rétrograde ». Elle fait référence aux causes ultimes « incorporées dans le système à travers les milliers de générations et sélectionnées au cours de l'évolution » décrites par Ernst Mayr [12], dit Jean Gayon [13]. « La théorie étiologique soutient qu'une structure possède une fonction si, dans le passé, la structure considérée a eu, dans des systèmes analogues, des effets qui expliquent causalement la sélection-reproduction de cette structure », précise Joëlle Proust [14]. Finalement, résume Karen Neander, « la fonction d'un trait est l'effet pour lequel ce trait a été sélectionné » [15].

En remplaçant le Grand Ingénieur par la sélection naturelle, la théorie étiologique de Wright remplace des causes finales par des causes scientifiquement correctes. Néanmoins, dire à la fois « (a) X existe parce qu'il fait Z », « (b) Z est une conséquence de l'existence de X » et « La fonction de X est Z signifie (a) et (b) » implique que la fonction Z de X est en même temps la cause et la conséquence de l'existence de X. La théorie étiologique de Wright débarrasse

10. L. Wright, « Functions », *The Philosophical Review* 82, 1973, p. 139-168.
11. A. de Ricqlès, J. Gayon, « Fonctions », art. cit.
12. E. Mayr, « Cause and Effect in Biology », *Science* 134, 1961, p. 1501-1506.
13. J. Gayon, « Les biologistes ont-ils besoin du concept de fonction ? Perspective philosophique », art. cit.
14. J. Proust, « Fonction et causalité », *Intellectica* 21, 1995, p. 81-113.
15. K. Neander, « The Teleological Notion of Function », *Australasian Journal of Philosophy* 69, 1991, p. 454-458.

les explications fonctionnelles du raisonnement analogique et de leur contenu métaphysique, elle les place dans le cadre de la théorie de l'évolution. Elle substitue cependant aux buts, intentions, fins et autres desseins intelligents, des « conséquences causales ».

En invoquant des conséquences causales, Wright ne rend pas compte de l'inversion sous-jacente à la représentation du biologiste. À quoi il faut ajouter que, en insistant uniquement sur la validité épistémologique de la fonction, il ne permet pas du tout d'analyser ce qu'enveloppe la représentation du biologiste lorsque celui-ci attribue une fonction à un objet biologique. L'analyse de Wright n'explique pas comment, dans cette représentation, un effet peut avoir plus de réalité explicative, donc plus de réalité potentiellement causale, dans une situation donnée, que les causes déjà en jeu elles-mêmes. Il y a des implications matérielles, ontologiques, pour l'observateur, pourrions-nous dire, qui ne sont pas mises au jour par Wright. Si X existe parce qu'il fait Z, il est nécessaire de comprendre comment le fait que X fasse Z explique son existence, comment un avantage sélectif est conféré à l'individu vivant dans lequel X fait Z. Il est nécessaire de comprendre comment une cause située dans une partie, peut favoriser le tout, comment une partie finit par avoir plus de puissance que le tout lui-même, grâce à un contexte particulier.

Il nous est nécessaire, néanmoins, de prendre en compte un type de causalité structurale [16] si nous voulons comprendre comment une conséquence organique peut être rétroactive ; et devenir au moins aussi importante que les premières causes locales pour l'explication d'un phénomène. Il ne suffit pas de faire une analyse épistémologique de l'inversion causale présente dans les explications *a posteriori* fournies par la science, il faut expliquer ce que cela bouleverse *in re*, dans l'observation des objets biologiques elle-même. Une telle analyse ne peut totalement être prise en charge par une philosophie bachelardienne, qui pourrait *a priori* sembler remplir cet office. Car il nous faut disposer non pas seulement d'une analyse épistémologique des discursivités fonctionnalistes, mais d'une compréhension philosophique des genres de connaissance en jeu dans les énoncés fonctionnels. Or, il est nécessaire que cette analyse soit elle-même assise sur une conception méréologique, expliquant comment les inversions cognitives sont ancrées dans les liens perceptifs internes et externes qui unissent différentes compositions corporelles régissant les individus dans la nature. Il faudrait situer l'observation des fonctions dans les rapports infinis qui se jouent entre les touts et les parties au sein des phénomènes du vivant [17].

16. Nous entendons cette notion au sens d'Althusser, à savoir comme unité d'explication des déterminations effectuées par un tout sur ses parties, tel qu'il la définit dans *Lire le Capital*, et en tant qu'il la reprend lui-même de certaines lectures de la *connexio* spinoziste, ainsi que Vittorio Morfino l'a montré. Voir par ex. *Le temps et l'occasion, la rencontre Spinoza-Machiavel*, Paris, Classiques Garnier, 2012.

17. Nous appelons ici « observation » l'acte de représentation de la réalité physique qui soutient des notions utilisées en science. Si Bachelard s'interroge bien sur le statut de l'observation scientifique, il ne *situe* pas cette observation dans un processus de complexité fondé sur une non-proportionnalité entre individus finis et circonstances infinies. Voir par exemple, dans *Le Nouvel Esprit scientifique*, Paris, P.U.F., 2020, Introduction, I : « Déjà l'observation a besoin d'un *corps* de précautions qui conduisent à réfléchir avant de regarder, qui réforment du moins la première vision, de sorte que ce n'est jamais la première observation qui est la bonne. [...] Naturellement, dès qu'on passe de l'observation à l'expérimentation, le caractère polémique de la connaissance devient plus net encore ».

Discours simplifiant, observation complexifiante

Le problème d'une attention au genre de connaissance qui se développe dans l'observation des choses naturelles, dont des effets sélectionnés semblent être la cause de leur existence-même, ne peut être posé dans le cadre de la causalité classique, tout en y puisant un certain nombre d'éléments.

Le présupposé de Descartes affirmant qu'« il doit y avoir autant de réalité dans la cause totale que dans son effet, car d'où est-ce que l'effet peut tirer sa réalité, sinon de sa cause » [18] reste un postulat valable pour le processus cognitif à l'œuvre dans l'esprit d'un observateur qui tente de comprendre le fonctionnement d'un objet naturel. En effet, c'est dans la cause que se trouve déjà l'effet, c'est dans la cause que l'explication se ramasse ; même, et peut-être surtout, lorsque cette connaissance, qui privilégie l'effet comme *explanans* de la sélection naturelle, est « correcte » logiquement. Dans le processus cognitif qui accompagne cette observation, c'est la cause qui unifie l'ensemble des éléments explicatifs. Les effets sont moins importants que les causes parce que ce sont toujours celles-ci qui pourront expliquer ceux-là, jamais l'inverse. Mais cette épistémologie n'est pas en mesure de concilier complètement, d'une part, l'inversion logique produite par le discours synthétique du biologiste qui permet de donner une valeur forte aux effets produits, ce dont Wright rend très bien compte, et, d'autre part, le postulat de tout observateur *in situ*, dont le type de connaissance dépend surtout des éléments de causalité qu'il identifie dans un processus biologique [19].

Or, il semble impossible d'expliquer comment un effet au niveau des parties pourrait devenir la cause, non simple, de la conservation du tout. Surtout, cette observation ne semble en aucun point être simple puisque nous avons vu plus haut que son expression logique est précisément complexe. Il s'agit de tenter de comprendre le genre de connaissance dont il s'agit lorsque l'on dit : « X existe parce qu'il fait Z » car les deux aspects de la complexité et du rapport méréologique semblent inévitablement intriqués.

Spinoza établit un rapport entre composition des corps, aptitude de ces corps et accommodement des parties au sein d'un tout. L'élément explicatif se dialectise par rapport à Descartes : il existe une réversibilité explicative des phénomènes, en fonction des niveaux de compréhension des rapports, qui permettent le fonctionnement de ce qu'on appelle un organisme. En effet, dans ce qu'il est convenu d'appeler ses « prémisses de physique » à la proposition 13 de la seconde partie de l'*Éthique*, Spinoza conçoit la possibilité pour un composant d'un organisme (il utilise le terme « individu très composé ») de

18. Descartes, *Méditations métaphysiques*, éd. J.-M. et M. Beyssade, Paris, Garnier-Flammarion, 1979, « Méditation III » ; reprise dans les *Réponses aux Objections*, II, § 2.

19. De même, les analyses leibniziennes ne peuvent nous aider ici. En effet, si le calcul leibnizien des dérivées permet d'expliquer compréhensivement les faits statistiques biologiques, il ne permet que lacunairement de rendre compte des phénomènes de complexité, non-linéaires. Bien plus, le cadre leibnizien pour l'étude du rapport tout/parties ne fonctionne pas pour les phénomènes de réversibilité causes partielles/effets au niveau du tout. Si nous considérons le tout début de *La Monadologie*, l'ensemble des prérequis ne peut s'appliquer dans le cas qui nous occupe : « 1. La Monade, dont nous parlerons ici, n'est autre chose qu'une substance simple, qui entre dans les composés ; simple, c'est-à-dire *sans parties* (*Théodicée*, § 10). 2. Et il faut qu'il y ait des substances simples, puisqu'il y a des composés ; *car le composé n'est autre chose qu'un amas ou* aggregatum *des simples* ». *Monadologie*, éd. É. Boutroux, Paris, Delagrave, 1981. Nous soulignons.

mourir ou d'être détaché, et qui peut concourir à la conservation du tout précisément par ce changement. Le tout, qui reçoit l'ensemble des effets d'accommodement situés au niveau des parties, peut trouver une utilité dans la disparition de ces causes partielles. C'est ce que nous pourrions appeler une théorie de l'organisme dialectique, par rapport à Descartes et Leibniz[20]. Les genres de connaissance sont situés dans les circonstances qui contraignent l'observation, notamment dans le décalage entre point de vue de la partie, et point de vue du tout.

Spinoza propose une conception inédite du milieu biologique comme ensemble de circonstances non finalisées.

Ce problème a été saisi par Spinoza, dans un passage surprenant. C'est en effet le sens du célèbre passage de la lettre à Oldenburg, du 20 novembre 1665, dite « Lettre 32 », décrivant le type de perception éprouvée par un « ver dans le sang » :

> Imaginons, si vous voulez, un ver vivant dans le sang [...]. Ce ver, vivant dans le sang comme nous vivons dans une certaine partie de l'univers, considérerait chaque partie du sang comme un tout, non comme une partie, et ne pourrait savoir comment toutes ces parties sont sous la domination d'une seule et même nature, celle du sang, et obligées de s'ajuster [*se accommodare*] les unes aux autres suivant que l'exige cette nature pour qu'entre leur mouvement s'établisse un rapport leur permettant de s'accorder. [...] Nous pouvons et devons concevoir tous les corps de la nature en même manière que nous venons de concevoir le sang [...]. Et comme la nature de l'Univers n'est pas limitée ainsi que l'est celle du sang, mais absolument infinie, ses parties subissent d'une infinité de manières la domination qu'exerce sur elles une puissance infinie et subissent des variations à l'infini.[21]

Spinoza rend bien compte à la fois du type d'abstraction que représente un point de vue sur des objets biologiques, en tant que ceux-ci sont toujours accommodés dans un tout supérieur, qui est lui-même sous le joug d'une infinité de modifications, et du type d'inversion présente dans l'observation naturelle qui simplifie, linéairement, la cause et l'effet, alors que les causes partielles de la lymphe et du chyle ne peuvent jamais avoir le même statut que l'effet accommodant produit par cette lymphe et ce chyle à un autre niveau, celui du sang, qui lui-même n'est qu'une partie d'un plus grand corps. Les éléments de description sont restitués dans un milieu, qui exige des parties qu'elles s'accommodent les unes aux autres et dont le fonctionnement peut être perçu comme « bon » ou « utile » par le niveau supérieur, celui de l'organisme ou individu très composé.

Cette description engage une critique cognitive de la science. Car, quand bien même une pratique scientifique rappellerait, une fois l'observation faite,

20. D'autres ont pu utiliser des mots plus forts pour décrire cette étude spinoziste, parlant d'homéostasie. Dans son dernier ouvrage *Cours de philosophie biologique et cognitiviste, Spinoza et la biologie actuelle*, Paris, Odile Jacob, 2018, p. 79, Henri Atlan défend l'idée que ces lois peuvent être rapprochées d'une homéostasie. Atlan cite les commentaires de H. Jonas, « Spinoza and the Theory of Organism », *Journal of the History of Philosophy* 3, 1965, et de F. Duchesneau, « Modèle cartésien et modèle spinoziste de l'être vivant », *Cahiers Spinoza* 2, 1978.

21. Nous citons la traduction de C. Appuhn, Spinoza, *Traité politique. Lettres*, Paris, GF-Flammarion, 1966.

dans la synthèse, que les causes et les effets ne peuvent jamais être séparés qu'artificiellement[22], elle n'en aurait pas moins, au moment de l'observation et de l'analyse, découpé dans ses objets des parties artificielles, affectées en réalité d'une infinité de modifications. Ces dernières sont elles-mêmes impossibles à extraire du milieu dans lequel elles entrent en fonctionnement, mais jamais en fonction, car ce milieu dégage pour lui les effets perçus comme adjuvants ou bons issus du fonctionnement des parties, sans que celles-ci n'agissent jamais dans ce but, mais dans leur utilité propre.

Spinoza n'emploie pas le terme d'adaptation dans ce passage, bien qu'il l'utilise ailleurs dans un sens proche, finalisé, pour décrire les artefacts utiles aux humains[23]. Pourtant, il insiste sur le rapport entre la variété affective qui est exercée au niveau des parties, et qui est « quasi infinie » d'une part, et, de l'autre, l'accommodement de ces parties, et de leur variété affective, dans un tout, qui en retient un nombre fini d'effets, pour son utilité propre, au niveau structurel. Nous disons donc que l'élément explicatif se dialectise, par rapport à Descartes : il existe une réversibilité explicative des phénomènes, en fonction des niveaux de compréhension des rapports organiques.

Il est en effet devenu clair, par exemple, que le phénotype ne dépend pas seulement des gènes mais aussi de facteurs épigénétiques et environnementaux[24]. Chaque cellule d'un individu contient dans son noyau tous les gènes du génome de cet individu, mais elle n'en exprime qu'une partie. Certains gènes « domestiques » sont exprimés constitutivement par toutes les cellules de l'organisme[25]. D'autres gènes sont exprimés constitutivement par certaines cellules seulement[26]. D'autres gènes sont inductibles par des signaux spécifiques[27]. Leur expression dépend de mécanismes épigénétiques qui contrôlent d'une part les interactions des facteurs de transcription avec l'ADN et, d'autre part le fonctionnement des ARN[28].

La proposition 38 de la quatrième partie de l'*Éthique*[29] décrit une possibilité d'être affecté le plus possible pour un corps, sans qu'un nombre maximal d'affections soit envisagé, ni qu'un fonctionnement finalisé en ressorte, tout en maintenant que cet accroissement puisse répondre au critère de l'utilité, organisée au niveau du tout. Le caractère « utile » de l'aptitude n'est pas

22. Équivalent d'un point de vue supérieur à celui du ver, évoqué par Spinoza, mais qui en resterait seulement au niveau du sang ou du corps total de l'individu sans rappeler les *circonstances environnantes.*

23. Voir notre article « Spinoza et Darwin », auquel nous permettons de renvoyer, dans *Philosophiques*, vol. 45, n° 2, automne 2018, p. 445-459.

24. G. Cavalli, E. Heard, « Advances in Epigenetics Link Genetics to the Environment and Disease », *Nature* 571, 2019, p. 489-499.

25. Ces gènes codent les enzymes qui contrôlent le métabolisme des glucides, les protéines impliquées dans la division cellulaire, les protéines qui permettent la respiration mitochondriale et bien d'autres.

26. Les gènes qui codent la rhodopsine dans les cellules photosensibles de la rétine, l'insuline dans les cellules β des îlots de Langerhans du pancréas, ou la perforine dans les cellules cytotoxiques, sont des exemples de tels gènes.

27. Les gènes qui codent les facteurs de transcription inductibles par une hypoxie, les gènes qui codent les cytokines sécrétées par les lymphocytes activés par l'engagement de leurs récepteurs d'antigène, les gènes qui codent les cyclines qui contrôlent la progression des cellules dans le cycle cellulaire induite par des facteurs de croissance sont des exemples de gènes inductibles.

28. La méthylation des régions promotrices, ainsi que des modifications des histones qui provoquent un remodelage de la chromatine, contrôlent l'accès des facteurs de transcriptions à l'ADN; les « microARN non codants » diminuent la stabilité ou l'efficacité des ARN messagers.

29. *Ethica/Éthique*, éd. F. Akkerman et P. Steenbakkers, trad. fr. P.-F. Moreau, dans *Œuvres*, IV, Paris, P.U.F., 2020.

inclus dans un projet finalisé. Elle n'est pas fonctionnalisée, pourrait-on dire, car l'utilité est un simple accroissement des affections au niveau des parties. Plus les parties du corps sont affectées, dans un sens négatif ou positif, plus le tout pourra y trouver de l'utilité. C'est le tout qui définit, *a posteriori*, un sens d'utilité à cette augmentation des affections. Spinoza reprend, dans cette proposition 38, l'idée que l'aptitude est une forme de disponibilité du corps aux affections, en reprenant le vocabulaire très physique de la disposition [30].

La notion de disposition avait été restreinte par Descartes : elle signifiait le moyen mécanique de décrire le déclenchement d'un comportement ou d'un mouvement particulier. Or, si subsiste un héritage mécaniste dans le propos de Spinoza, ce que la disposition rend disponible, pourrait-on dire, ne s'explique pas seulement sous la forme d'une causalité transitive, dont l'effet se produit immédiatement, mais également comme une utilité de redondance de l'affectivité au niveau des parties [31], répondant à l'exigence d'accommodement, au niveau du tout. L'absence de proportion entre le niveau des parties, soumises à une infinité (ou presque) d'affections, et le niveau du tout, dont l'observateur pointe un nombre fini d'effets utiles, permet d'entrevoir une relation non-linéaire, où le nombre des sollicitations invisibles au niveau des parties ne pourra jamais être proportionnel aux effets saillants choisis pour catégoriser des « fonctions », et qui brise la continuité étiologique simple sur laquelle est fondé le discours épistémologique contemporain. C'est le sens du passage du « ver dans le sang ».

Non seulement Spinoza propose une conception inédite du milieu biologique comme ensemble de circonstances non finalisées, mais surtout, il lie cette compréhension à l'accommodement comme exigence de la Nature physique tout entière. La formule dans laquelle l'*accommodare* est incluse rappelle exactement le corollaire de la proposition 4 de la quatrième partie de l'*Éthique* : « Il suit de là que l'homme est nécessairement toujours soumis aux passions, suit l'ordre commun de la Nature et lui obéit, et s'y adapte [*accommodare*] autant que la nature des choses l'exige ». Le corps est plongé dans un univers infiniment contraignant qui s'impose aux corps finis. C'est un ordre exigeant (le latin précise « *exigit* ») pour les parties au sein d'un tout, parce qu'elles doivent s'accommoder à tous les effets contraignants du milieu. Le fonctionnement, au niveau des parties, reste pourtant ouvert, au sens d'une variation avec le milieu qui grandit de façon exponentielle, et qui peut être, même, contraire apparemment à l'utilité du tout [32].

30. Pour les philosophes de la physique, une disposition est une propriété conditionnelle, *i.e.* une propriété qui ne s'actualise que dans des conditions particulières. Un exemple simple est la solubilité du sucre. Un morceau de sucre est un solide soluble dans l'eau. Sa solubilité requiert qu'il soit placé dans l'eau pour s'actualiser. Voir B. Gnassounou et M. Kistler (dir.), *Causes, pouvoirs, dispositions en philosophie. Le retour des vertus dormitives*, Paris, P.U.F., 2005 ; et sous la direction des mêmes, *Les dispositions en philosophie et en sciences*, Paris, CNRS Éditions, 2006.

31. Ce qui s'explique par le double sens de la notion de disposition comme organisation ou distribution des parties (équivalent de la composition des parties corporelles) d'une part et d'autre part comme *ce qui déclenche* un comportement, procédure étiologique. Voir par exemple « Cette inégalité des esprits peut aussi procéder des diverses dispositions du cœur, du foie, de l'estomac, de la rate et de toutes les autres parties qui contribuent à leur production », Descartes, *Passions de l'Âme*, I, 15. Voir aussi le travail de J.-L. Lantoine *L'intelligence de la pratique. Le concept de disposition chez Spinoza*, Lyon, ENS éditions, 2019.

32. Sur toutes ces questions, nous nous permettons de renvoyer à la seconde partie de notre ouvrage : *Être apte chez Spinoza. Histoire et Significations*, Paris, Garnier Classiques, 2020.

La lecture méréologique de Spinoza, qui détruit la linéarité du rapport causal en détricotant l'implication simple d'une cause pour un effet, démasque non seulement le processus d'abstraction nécessaire à toute observation et tout point de vue, mais aussi rend visibles les possibles inversions lors de la considération d'un élément supérieur, systémique. La critique spinoziste est positive : il ne s'agit pas d'un jugement négatif sur l'observation, mais de restituer un double biais, nécessaire, de tout point de vue situé concernant des objets très composés.

Distinguer le fonctionnement de la fonction

Cette analyse de Spinoza peut être mise en évidence par un exemple simple, emprunté à la médecine d'aujourd'hui, celui d'une poche de sang telle qu'en fournit aux hôpitaux l'Établissement Français du Sang. Les globules rouges contenus dans cette poche sont parfaitement fonctionnels : l'hémoglobine qu'ils renferment fixe l'oxygène et le gaz carbonique comme elle le faisait avant le prélèvement. Ils ont néanmoins perdu la fonction qu'ils exerçaient chez le donneur. Cette fonction sera restaurée lorsqu'ils seront transfusés à un receveur : ils apporteront à nouveau de l'oxygène aux organes et les débarrasseront du gaz carbonique. La fonction des globules rouges du sang ne leur appartient pas. Elle nécessite, pour qu'ils l'exercent, un tout vivant dont ils sont des parties. « Il y a une fonction vocale dans le larynx, mais il n'y a pas de propriétés vocales dans ses muscles », disait Claude Bernard[33]. La dose d'abstraction contenue dans le vocabulaire de la fonction est ici démasquée par un raisonnement méréologique de type spinoziste, appliqué à la biologie contemporaine.

Il existe donc une place pour une distinction, issue de la critique positive de Spinoza, ménageant un appareillage d'observation permettant dès avant la discursivité épistémologique de débusquer une confusion entre deux actes d'observation; celui, comme le ver dans le sang, d'un foisonnement d'interactions au niveau des parties, simple fonctionnement qui ne sert pas davantage à quelque chose que les interactions de l'hémoglobine avec l'oxygène et le gaz carbonique dans les globules rouges de la poche de sang; et celui d'un retour depuis les effets finis qui semblent contrôler ce processus au niveau des parties, ce retour non-linéaire pouvant être, une fois perçu, qualifié de fonction, tout en gardant en conscience qu'il n'existe que dans la saillance explicative d'un ou quelques effets pour une quasi infinité de causes.

En proposant de replacer l'objet biologique dans un rapport tout-parties, l'analyse spinoziste peut assister le biologiste dans sa façon de connaître. La construction des organes est affectée par leur fonctionnement. L'exercice affecte le développement musculaire[34]. L'allaitement stimule le développement de la glande mammaire et la lactation[35]. Les bactéries induisent le développement

33. Cl. Bernard, *Leçons sur les phénomènes de la vie communs aux animaux et aux végétaux*, Paris, Vrin, 1966, p. 372.

34. K. Garg, M. D. Boppart, « Influence of Exercise and Aging on Extracellular Matrix Composition in the Skeletal Muscle Stem Cell Niche », *Journal of Applied Physiology* 121, 2016, p. 1053-1058.

35. C. Farmer, « Suckling Effects in Sows : Importance for Mammary Development and Productivity », *Animal* 7, 2013, p. 1964-1968.

du système immunitaire[36]. L'expérience stimule la neurogénèse dans le système nerveux central[37]. Les organes se développent, les cellules sont engendrées, les molécules sont synthétisées et se renouvellent continuellement. Le tout ne précède pas les parties, et les parties ne précèdent pas le tout. Les objets biologiques ne sont pas faits pour une fonction, ils se font en fonctionnant.

Ainsi, le problème de la fonction n'est pas seulement 1) un problème linguistique, discursif, qui aurait rapport à des défauts de logique et d'énonciation, 2) un problème idéologique, fictionnel, qui aurait rapport avec l'esprit animiste des êtres humains, c'est également 3) une question qui concerne les genres de connaissance, le type de représentation. L'observation est directement imaginative, en ce qu'elle est une idée incomplète. La dimension fictionnelle de la fonction constitue sa force représentationnelle et discursive : elle rapporte l'acte d'observation à un schéma linéaire, sériel, temporel, où les causes et les effets se suivent sur une ligne, elle ne la situe pas dans un réseau complexe d'interactions, d'enchaînements connectés et innombrables, causalité qu'on appellerait volontiers « structurale »[38]. La fiction n'en est pas moins redoutablement efficace dans sa sphère propre, économe, pour la description des objets complexes[39].

Pour le dire autrement, si nous reprenons le vocabulaire bachelardien, il faudrait, peut-être, compléter le passage suivant en faisant place à une théorie de l'accommodement complémentaire à celle de la résistance : « l'esprit scientifique doit se former contre la Nature, contre ce qui est, en nous et hors de nous, l'impulsion et l'instruction de la Nature, contre l'entraînement naturel, contre le fait coloré et divers. L'esprit scientifique doit se former en se réformant. [...] en nous-mêmes, comme hors de nous-mêmes, nous comprenons la Nature en lui résistant »[40]. La réforme à laquelle appelle Bachelard, partagée par Spinoza, est moins, pour les cas qui nous occupent, une résistance qu'un accommodement.

Conclusion

Le recours au vocabulaire de la fonction en biologie ne crée donc pas seulement des difficultés sur le plan sémantique et discursif, il détermine des dispositions pratiques dans l'observation, qui mêlent abstraction et inversion,

36. S. K. Mazmanian, C. H. Liu, A. O. Tzianabos, D. L. Kasper, « An Immunomodulatory Molecule of Symbiotic Bacteria Directs Maturation of the Host Immune System », *Cell* 122, 2005, p. 107-118. M. Gomez de Aguero, S. C. Ganal-Vonarburg, T. Fuhrer, S. Rupp, Y. Uchimura, H. Li, A. Steinert, M. Heikenwalder, S. Hapfelmeier, U. Sauer, K. D. McCoy, A. J. Macpherson, « The Maternal Microbiota Drives Early Postnatal Innate Immune Development », *Science* 351, 2016, p. 1296-1302.

37. D. D. Alvarez, D. Giacomini, S. M. Yang, M. F. Trinchero, S. G. Temprana, K. A. Buttner, N. Beltramone, A. F. schinder, « A Disynaptic Feedback Network Activated by Experience Promotes the Integration of New Granule Cells », *Science* 354, 2016, p. 459-465.

38. J. Israël, *Spinoza. Le temps de la vigilance*, Paris, Payot, 2001, et V. Morfino, *Le temps de la multitude*, Paris, Amsterdam, 2010, ont bien distingué le caractère fictionnel, puissant, de l'enchaînement sériel, comme durée établie par la mémoire, par opposition à l'enchaînement de *concatenatio*, maillage et enchevêtrement de causes et d'effets, issu de la raison.

39. Elle peut assez bien correspondre à ces auxiliaires de la raison, évoqués par Spinoza au moment de l'énonciation de sa méthode, dans son *Traité de la Réforme de l'Entendement*, trad. fr. M. Beyssade, dans *Œuvres I, Premiers écrits*, Paris, P.U.F., 2009. Ces auxiliaires fictionnels, Buffon les reconnaîtra également utiles, pour l'étude des êtres naturels, dans son *Premier Discours*. *Cf.* Buffon, *Histoire naturelle générale et particulière, avec la description du Cabinet du Roi*, Paris, Imprimerie Royale, 1759, p. 10-12.

40. G. Bachelard, *La Formation de l'Esprit scientifique*, Paris, Vrin, 1967.

et qui rendent inobservables d'autres faits au niveau des parties, tout aussi importants, dont ne rendent pas compte des fonctions instituées. Les plaquettes, avec lesquelles nous avons introduit cet article, en fournissent un exemple.

Pendant longtemps, la fonction des plaquettes a été d'arrêter les hémorragies. On appelle cette fonction l'hémostase[41]. Récemment, d'autres fonctions leur ont été attribuées. Ainsi, nous avons vu dans l'introduction l'implication des plaquettes dans les réponses immunitaires et, parce que le système immunitaire est généralement compris comme un système de défense, leur assimilation à des drones avec leurs armes défensives et offensives. Cette nouvelle fonction immunitaire ne remplace évidemment pas la fonction hémostatique. Elle s'y ajoute. Il se trouve que les plaquettes sont impliquées dans un nombre croissant d'autres fonctions. Ainsi leur a été reconnu un rôle pro-inflammatoire, mais également un rôle anti-inflammatoire, un rôle immunorégulateur, un rôle dans la cicatrisation et la réparation tissulaire. Sans doute seront-elles impliquées dans d'autres processus biologiques à l'avenir. Le corrélat pratique en est double : la science biologique ne peut attendre une prédictibilité complète de la part d'observations assimilables à des fonctions comme l'hémostase, l'immunité, l'inflammation ou la réparation, sans étudier la relativité de ces catégories.

L'efficacité de la méthode spinoziste tient dans l'absence d'opposition entre bon raisonnement sans téléologie et mauvais raisonnement finalisé. C'est dans la positivité du raisonnement téléologique, au sens où il peut lui-même être expliqué parce qu'il saisit une part de la réalité du vivant (car il est toujours l'expression d'une partie du vivant), que le philosophe pointe un salut critique. Car c'est dans le caractère infiniment sollicitant de la nature que l'observation peut trouver le fondement de sa propre transformation en une idée plus efficace, plus adéquate à la réalité fourmillante du fonctionnement des objets biologiques, dont les circonstances innombrables affectent sans arrêt, et sans fonction fixée au préalable, les représentations qui s'imposent en premier lieu. Ce n'est pas en résistant à la nature que l'observation biologique se délivre de la dimension fictionnelle d'une fonction, mais peut-être, plutôt, en comprenant ce que la représentation initiale avait de partiel, de local. Cette réforme de la représentation fictionnelle, Spinoza la pense donc moins en termes de rupture, que de réagencement du point de vue, contre les coupures imposées artificiellement entre certains objets et les circonstances qui les affectent. Il invite ainsi les biologistes non pas à résister à leurs perceptions, mais au contraire à les multiplier.

Une philosophie classique comme celle de Spinoza fournit, dans le cadre de l'épistémologie historique bachelardienne, une compréhension des liens et ruptures entre genres de connaissances, d'une façon qui n'est

41. Lorsqu'un vaisseau sanguin est lésé, les plaquettes commencent par ralentir dans la circulation et elles entrent en contact avec le collagène exposé par la blessure vasculaire. Activées par cette interaction, elles changent de forme, libèrent des médiateurs qui attirent d'autres plaquettes, et s'agrègent les unes aux autres pour former un caillot. Celui-ci active la cascade enzymatique des facteurs de coagulation qui aboutit à la constitution d'un bouchon de fibrine. Avec le caillot plaquettaire, celui-ci ferme la blessure vasculaire et l'hémorragie s'arrête.

plus extérieure, toute philosophique, à la science. Le doute spinoziste[42] est situé directement dans l'observation des phénomènes naturels, il n'est pas une méthode de simple organisation des découvertes scientifiques, et ne tente pas de se substituer à ce que Bachelard appelait « l'esprit scientifique régulier »[43]. Car il laisse cette enquête libre, en lui fournissant seulement un critère de réforme positive (la connaissance tronquée, partiale, n'étant toujours qu'une connaissance partielle) des genres de connaissance finalisés (que Spinoza appelle « superstitieux »), sans ambitionner que les philosophes mènent cette critique, séculière, à la place des chercheurs, dans la science régulière. Ainsi, si la rupture épistémologique bachelardienne s'est constituée contre le fourmillement émerveillant des fonctionnements naturels, il semble qu'en restreignant ce qu'il « faut voir » dans l'observation, la fonction ait créé l'idéologisme inverse; elle a pris pour dogmatique ce qui n'était que principe d'élégance : considérer toujours une cause pour un effet. Que la critique spinoziste pointe l'endroit de cette connaissance partielle n'indique pas aux biologistes comment ils peuvent, dans la science régulière, user de ce critère; c'est à eux-seuls de s'en emparer, ou de ne pas. Ainsi, ayant assisté le biologiste dans sa quête de connaissance, le philosophe peut s'effacer derrière les limites et l'humilité d'une compréhension venue du XVIIe siècle pour le laisser affronter la complexité de la biologie contemporaine.

Marc Daëron
Institut Pasteur, Paris
Centre d'immunologie de Marseille-Luminy, Marseille
Institut d'histoire et de philosophie des sciences et des techniques, Paris

Vincent Legeay
Université Paris Est – Créteil
LIS (EA4395)

42. Dont H. Atlan, récemment, dans son *Cours de Philosophie Biologique et Cognitiviste*, *op. cit.*, a produit un usage de prudence qui permet d'en accroître la portée *dans* la science. Nous plaçons notre analyse dans sa perspective.

43. G. Bachelard, *Le Nouvel Esprit scientifique*, chap. VI, III, Paris, P.U.F., 1968. Bachelard y distingue l'esprit *séculier* de l'épistémologie cartésienne, qui donne une méthode d'organisation des connaissances selon un ordre philosophique, de l'esprit *régulier* de la science quotidienne, qui produit ses propres ruptures épistémologiques vis-à-vis des connaissances empiriques quotidiennes.

DOSSIER

Actualité de Spinoza

LE PROPHÈTE ET LA VÉRITÉ
Une approche spinoziste de l'écologie moderne

Moa de Lucia Dahlbeck

Le discours international actuel sur l'écologie s'est mué en un mouvement qui s'identifie avec le discours de la vérité scientifique. L'exemple de Greta Thunberg et de ses appels à l'action illustre dans quelle mesure l'identité actuelle du mouvement enveloppe un paradoxe qui lui est inhérent. D'une part, elle s'appuie sur la nature auto-explicative et claire des idées vraies. D'autre part, pour propager ces idées, elle fait résider son pouvoir rhétorique dans l'impact émotionnel. L'approche par Spinoza de la relation entre raison et foi, telle qu'elle apparaît quand on juxtapose les passages pertinents de l'*Éthique* et ceux du *Traité théologico-politique* qui décrivent la prophétie, constitue un cadre théorique susceptible de rendre compte de ce paradoxe inhérent à l'écologie moderne.

On peut repérer les changements qui ont affecté le mouvement écologique international en considérant la dimension juridique de son développement. D'abord considéré comme un sujet marginal en comparaison des champs traditionnels du droit international, l'écologie a fini par en devenir un à part entière [1]. Le mouvement écologique a laissé ses premières empreintes sur l'arène juridique en formulant un discours international sur la protection environnementale directement connecté au domaine juridique des droits humains. Ces premières tentatives d'instiller un champ du droit international qui aurait sa propre cohésion et serait dédié à la protection de l'environnement ont pour caractéristique de valoriser l'environnement naturel au nom de sa

1. Voir N. J. Schrijver, *The Evolution of Sustainable Development in International Law : Inception, Meaning and Status*, Leiden-Boston, Martinus Nijhoff Publishers, 2008, et J. P. L. Nyaberi, « Historical Analysis : Does International Environmental Law Provide Effective Environmental Protection ? », *Environmental Policy and Law* 46 (6), 2016, p. 408-419.

fonction : il s'agit d'établir un environnement vital décent pour l'être humain [2]. Quant à son identité, la version primitive de l'écologie moderne peut être décrite comme étant articulée à l'idée de nature comme bien commun, dont la jouissance et l'utilisation sont un droit égal que tous les êtres humains peuvent revendiquer du simple fait qu'ils sont humains. L'identité du mouvement écologique était donc, à cette époque, fondée sur l'idée d'être un atout pour le développement humain.

C'est autour de 1972 et de la Conférence des Nations unies sur l'environnement de Stockholm que s'opère un changement dans le référent légal autour duquel tournaient les énoncés sur la protection de l'environnement. On le voit dans la relative rapidité avec laquelle le discours juridique sur l'environnement s'est détourné de la connotation anthropocentrique qu'impliquait l'affirmation d'un *droit humain* – au sens d'un droit individuel – à un environnement décent, sur lequel insistait pourtant la conférence. Des arguments en faveur de l'obligation de protéger la nature ont commencé à porter sur des espaces physiques valant pour eux-mêmes et, dans une certaine mesure, pour leur fonction économique fondamentale d'un point de vue *social*, à très court et à long terme, plutôt que sur les individus humains occupant ces espaces. Ce déplacement fut sans doute modéré du point de vue des préoccupations environnementales, mais il fut radical du point de vue de l'identité du mouvement sous-jacente à ces préoccupations [3]. Le mouvement qui était derrière les appels à l'action a changé : il est passé d'une compréhension de la nature comme un atout pour l'individu humain à une conception de la nature comme l'une des forces macro politiques à l'œuvre dans l'histoire. Bien que quelques voix qui participaient à ce premier déplacement discursif du discours juridique identifiassent l'épistémologie anthropocentrique comme constituant la limite intrinsèque d'un mouvement fondé sur les droits humains, la définition alternative de la nature qui est née de cette critique n'a pas eu le dessus sur cette épistémologie. À l'époque de la Conférence de Rio (1992) [4], un biais humain a pu être diagnostiqué dans les représentations philosophiques dominantes du monde, mais il n'a pas été traité.

Peut-être est-ce la raison pour laquelle on distingue une seconde transformation du mouvement écologique autour de 2010. Elle a commencé après que toutes les pistes enregistrées dans les documents de la Conférence de Rio furent mises à l'épreuve et que leur insuffisance fut éprouvée. Deux tendances différentes mais intimement liées sont identifiables dans ce qui transparaît de cette transformation discursive. La première est une argumentation accrue en faveur de la protection de la nature pour elle-même. Bien que ces arguments soient élaborés dans un cadre qui remet clairement en question le

2. P. Birnie, A. Boyle, C. Redgwell, *International Law and the Environment*. Oxford, Oxford University Press, 2008, p. 3-5.

3. M. de Lucia Dahlbeck, *International Environmental Law and the Search for Harmony with Nature : A Critical Inquiry into the Metaphysical Underpinnings of the Legal Discourse on Environmental Protection*, Lund, Media Tryck Lund University, 2016, p. 24. A. Najam, « Developing Countries and Global Environmental Governance : From Contestation to Participation to Engagement », *International Environmental Agreements* 5, 2005, p. 303-321, p. 310. B. Hopwood, M. Mellor, et G. O'Brien, « Sustainable Development : Mapping Different Approaches », *Sustainable Development* 13, 2005, p. 38-52, p. 40.

4. Conférence des Nations Unies sur l'environnement et le développement.

biais que représente la théorie de la pensée juridique moderne, ils mobilisent encore le concept d'agentivité, propre à cette théorie, concept qu'ils étendent à la nature plus qu'ils ne le discutent[5]. La seconde tendance peut être illustrée en attirant l'attention sur l'apparition simultanée d'arguments en faveur d'une réponse éthique – plutôt que juridique et anthropocentrée – aux problèmes environnementaux de grande échelle et de dimension mondiale[6]. Bien qu'elles soient entièrement différentes dans leur forme d'expression respective comme dans leur contenu argumentatif, les deux tendances indiquent que le mouvement écologique se transforme durant cette troisième période, passant d'un mouvement qui s'identifie lui-même comme porteur d'une cause politique et normative, à un mouvement dont le rôle est de diffuser en toute neutralité des faits scientifiques, qui offrent un point de vue décentré sur la nature.

Pour comprendre adéquatement cette dernière version – anti-anthropocentrique – du mouvement écologique moderne, je propose d'étudier certaines de ses expressions les plus récentes à partir de la philosophie de Spinoza[7]. Mes motifs pour le faire sont les suivants. Tout d'abord (et comme je l'ai déjà démontré ailleurs[8]), la conception de la nature chez Spinoza se retrouve de manière paraphrasée dans un certain nombre de documents – notamment les *Rapports sur l'harmonie avec la nature* du Secrétaire général de l'ONU[9] – parce qu'elle offre l'arrière-plan théorique nécessaire à une politique anti-anthropocentrique que beaucoup appellent de leur vœu, et parmi eux, Greta Thunberg[10]. Dans le cinquième rapport par exemple, le nouveau paradigme privilégié est appelé « science du système Terre ». Il est décrit comme étant un mode de pensée fondé sur l'idée que « la Terre est un système holistique, dans lequel *aucun élément particulier n'a de priorité sur un autre*, un système qui est *indivisible*, un *continuum sans fin* »[11]. Plus important cependant, je crois que le naturalisme philosophique de Spinoza qui, comme on le verra brièvement, combine un monisme de la substance avec un rationalisme strict, convient particulièrement bien pour évaluer un mouvement qui se trouve confronté à la situation singulière d'avoir un but clairement normatif alors qu'il se présente lui-même dans des termes descriptifs et rationnels.

5. M. de Lucia Dahlbeck, *International Environmental Law and the Search for Harmony with Nature, op. cit.*, p. 95.
6. *Ibid.*, p. 59-96.
7. Nous citons Spinoza dans l'édition des *Œuvres* publiées sous la direction de P.-F. Moreau, 5 vols., Paris, P.U.F., 1999-..., en cours de publication : *Traité théologico-politique*, texte établi par F. Akkerman, trad. fr. et notes J. Lagrée et P.-F. Moreau, Paris, P.U.F., 1999; *Premiers écrits*, trad. fr. M. Beyssade (*Traité de la réforme de l'entendement*) et J. Ganault (*Court Traité*), Paris, P.U.F., 2009; *Éthique*, texte établi par F. Akkerman et P. Steenbakkers, trad. fr. et notes de P.-F. Moreau, Paris, P.U.F., 2020. Pour le *Traité politique*, nous citons la traduction de P.-F. Moreau (Paris, Répliques, 1979). Nous utiliserons les abréviations suivantes : *TTP* pour le *Traité théologico-politique*, *E* pour l'*Éthique*, *CT* pour le *Court traité*, *TRE* pour le *Traité de la réforme de l'entendement*, *TP* pour le *Traité politique*; dém. pour démonstration, cor. pour corollaire, chap. pour chapitre, sc. pour scolie, déf. pour définition, expl. pour explication, app. pour appendice. En chiffres romains, la partie ou le chapitre; en chiffres arabes, la proposition pour l'*Éthique*, le paragraphe pour les autres ouvrages.
8. M. de Lucia Dahlbeck, *International Environmental Law and the Search for Harmony with Nature, op. cit.*
9. United Nations, *Harmony with Nature Reports*, A/65/314; A/66/302; A/67/317; A/68/325; A/69/322; A/70/268; A/71/266; A/72/175; A/73/221; A74/236; A/75/266, 2010 – 2020. On peut les consulter à l'adresse suivante : http: //www.harmonywithnatureun.org/unDocs/.
10. M. de Lucia Dahlbeck, *Spinoza, Ecology and International Law : Radical Naturalism in the Face of the Anthropocene*, London-New York, Routledge, 2019, p. 5 et 15-17. Voir les rapports de 2011 et 2013.
11. Rapport de 2014, 1/69/322, § 11, nous soulignons.

Appels contemporains en faveur d'une action écologique mondiale

Le 6 décembre 2020, la direction de l'édition dominicale du quotidien suédois *Dagens Nyheter* est confiée à l'adolescente activiste Greta Thunberg qui, un an auparavant, était à l'origine de la première grève scolaire mondiale pour l'environnement [12].

D'après elle, la profonde dépression qu'elle a personnellement vécue après avoir pris la mesure du changement climatique est à l'origine de son activisme [13]. Explicitant le lien entre ses expériences profondément personnelles et son activité politique, au principe de son sursaut et de son activisme environnemental, elle affirme : « Je crois qu'une fois que nous commençons à nous comporter comme si nous étions dans une *crise existentielle*, nous pouvons éviter un effondrement climatique et écologique » [14]. Dans un article du *Guardian*, le même sentiment s'exprime lorsqu'elle revient sur son itinéraire personnel : « Je ne cessai d'y penser [au changement climatique] et je me suis juste demandé *si j'aurai un avenir* » [15].

L'éphémère charge de rédactrice en chef était donc confiée à la chef de file d'une organisation dont les principales caractéristiques et spécificités sont dépendantes et se confondent avec la lutte personnelle et éthique de son leader. Ce lien ne passait pas inaperçu dans l'appel à l'action qui a été publié sur la page de couverture du *Dagens Nyheter*. Cette dernière et la quatrième de couverture du journal – ce jour-là presque exclusivement dédié à la crise climatique – étaient toutes deux couvertes d'une seule et même photo d'un cratère gigantesque en Sibérie, illustrant la fonte du permafrost. Cette photo était accompagnée, dans le journal, d'un article de fond [16] sur un village en Russie situé sur les côtes de la mer de Barents, où la glace a disparu. La page de titre affirmait : « Ceci est un fait, pas une opinion » [17]. En bas de page de couverture, la photo de Greta s'affiche avec une citation de celle-ci : « La crise climatique est le problème le plus difficile et le plus exigeant auquel l'humanité ait jamais eu à faire face. Nos plus grands espoirs résident dans la démocratie et l'éducation populaire ».

En un sens, ces deux citations de la page de couverture résument parfaitement les fondements de l'argumentation avancée par la rédactrice

12. T. Whiting, « The Story of 16 Year Old Climate Activist Greta Thunberg », 2019, consultable en ligne : https://tabitha-whiting.medium.com/greta-thunberg-i-promised-myself-i-was-going-to-do-everything-i-could-to-make-a-difference-cb6fade1904. Ce sont de tels événements qui, ajoutés au succès et à la popularité gigantesque de ses prises de parole, ont fait de Greta Thunberg une célébrité mondiale en tant qu'activiste et leader en matière d'environnement. En 2018, elle donne une conférence TED et intervient dans la Conférence des Nations unies sur les changements climatiques. En 2019, elle s'embarque pour les États-Unis dans le but de s'adresser aux chefs d'États du monde entier au Sommet Action Climat de l'ONU. Pendant qu'elle effectue sa mission d'une année en tant qu'éditrice en chef invitée, elle a reçu deux nominations pour le Prix Nobel de la paix. Elle a désormais été nominée pour la troisième année consécutive.

13. T. Whiting, « The Story of 16 Year Old Climate Activist Greta Thunberg », art. cit.

14. *Time Magazine*, « How Teen Climate Activist Greta Thunberg Got Everyone to Listen », 16 mai 2019. Consultable en ligne : « How Teen Climate Activist Greta Thunberg Got Everyone to Listen », *Time Magazine*, 16 May 2019. Nous soulignons.

15. *The Guardian*, « Greta Thunberg : school Girl and Climate Change Warrior », 11 mars 2019. Consultable en ligne : Greta Thunberg : school Girl and Climate Change Warrior, *The Guardian*, 11 March 2019. Nous soulignons.

16. *Dagens Nyether*, « Ryssland och Klimatet : I byn vid världens ände har isen försvunnit », 6 décembre 2020.

17. *Ibid.*, page de couverture.

en chef invitée du journal. La science parlera d'elle-même : nul besoin de clarification ou d'interprétation. Néanmoins, pour traiter les problèmes mis en lumière par le caractère auto-explicatif de la science et des faits, nous devons compter sur l'espoir que représentent les institutions démocratiques et l'éducation de masse. Je passerai bientôt à l'étude plus attentive de cette juxtaposition de l'espoir et des faits à l'aune du naturalisme philosophique de Spinoza et de son analyse de la prophétie. Avant cela, je souhaiterais mettre en évidence le fait que l'invocation de l'espoir, en tant qu'elle est liée aux institutions démocratiques et à l'éducation de masse, fait signe vers une méthode prescriptive de la production des idées, tandis que le rejet de l'opinion pour l'évaluation des faits fait signe vers une méthode descriptive de production de la connaissance.

La référence à certaines idées essentielles comme étant à la fois intrinsèquement indubitables et évidentes par elles-mêmes, mais en même temps entièrement dépendantes d'une forme de rhétorique persuasive pour être prises au sérieux, semble être représentative du mouvement écologique contemporain. Dans une déclaration destinée à être prononcée devant le sous-comité du Programme des Nations Unies pour l'environnement (UNEP), son président, M. Fernando Coimbra, insiste d'abord sur le fait que l'UNEP « continuera d'être guidé par la science, qui nous aide à *comprendre* les pressions sur l'environnement »[18]. Néanmoins, il ajoute que faire de la science à une époque où la crise écologique est établie, signifie que nous devons « non pas faire de *la science pour le bien de la science*, mais *pour diffuser une science qui peut* renforcer le consensus sur les options politiques, identifier des solutions, et guider l'action pour la durabilité environnementale, nous donnant les armes pour résoudre la crise planétaire »[19].

Encore une fois, on remarque une double attitude à l'égard de la science. La première déclaration affirme que la science est ce qui nous fournit une certaine connaissance relative à l'état de l'environnement. Néanmoins, la seconde citation mélange la portée descriptive – ce qu'est et ce que fait la nature – à un appel normatif et moral qui lui est distinct. Ainsi, tandis que le fondement des actions nécessaires est sans doute un message entièrement descriptif (portant sur l'état actuel des choses), ce fondement est mêlé à un projet normatif afin de donner à la vérité du message la force de conviction nécessaire pour pousser à l'action.

Nous sommes désormais tous très familiers de ce message sous-jacent : les causes de l'actuel état précaire de l'environnement naturel sont l'être humain et l'idée fausse qu'il est possible de contrôler la nature. Alors qu'elle s'adressait aux chefs d'État du monde au Sommet Action Climat de l'ONU en 2019, Greta Thunberg rappela que ce fait était on ne peut plus clair depuis trente ans[20]. Dans son discours, elle s'appuie sur des résultats d'études, par

18. F. C. Coimbra, « The Triple Planetary Crisis : Forging a new Relationship between People and the Earth », discours prononcé devant le sous-comité du Comité des représentants permanents du Programme des Nations-Unies pour l'environnement, 14 juillet 2020. Consultable en ligne : https://www.unep.org/news-and-stories/speech/triple-planetary-crisis-forging-new-relationship-between-people-and-earth.

19. *Ibid.*, nous soulignons.

20. « Transcript of Greta Thunberg's Speech at The U.N. Climate Action Summit », National Public Radio, 2019. Consultable en ligne : https://www.npr.org/2019/09/23/763452863/transcript-greta-thunbergs-speech-at-the-u-n-climate-action-summit.

exemple l'article « Absence de preuve relative à des périodes chaudes et froides cohérentes au niveau mondial pendant l'ère préindustrielle » publié dans *Nature*[21]. Le message est clair : c'est l'anthropocentrisme qui est la cause de cette activité humaine, activité complètement inconsciente du fait que ce sont bien plus que les êtres humains qui sont affectés par les actions humaines, et que l'activité humaine dépend non seulement du bien-être des humains, mais aussi du reste de la nature.

Dans les termes du Secrétaire général des Nations Unies tels qu'on les trouve dans sa déclaration d'ouverture au Sommet Action Climat, les erreurs de l'anthropocentrisme sont maintenant mises en évidence dans les études scientifiques, qui témoignent à quel point « la nature contre-attaque avec furie »[22]. La furie à laquelle fait référence Antonio Gùterres peut être considérée comme une traduction dans un langage anthropomorphique des faits scientifiques rapportés par Greta Thunberg. Dans le discours qu'elle a donné à ce sommet, elle explique que l'idée (qui fait consensus) de réduire les émissions de gaz à effet de serre de moitié en dix ans donne à l'humanité 50% de chance de rester en dessous d'une augmentation de température d'1,5°C, qui représente le risque de « déclencher une chaîne irréversible de réactions au-delà de notre contrôle »[23]. Pour augmenter les chances à 67%, le monde doit, d'après les calculs auxquels se réfère Greta Thunberg, rationner les 350 gigatonnes de CO_2 que nous pouvons encore émettre au moment où ce discours est prononcé, alors que le taux habituel est de 100 gigatonnes par an[24]. L'intervention mettait également l'accent sur les effets à attendre sur les personnes si l'on ne prend pas ces faits au sérieux :

> *Vous avez volé mes rêves et mon enfance avec vos paroles en l'air.* Pourtant, je fais partie des chanceuses. Les gens souffrent. Les gens meurent. Des écosystèmes entiers s'effondrent. Nous sommes au commencement d'une extinction de masse, et vous, vous ne parlez que d'argent et de contes de fée sur la croissance économique éternelle. Comment osez-vous ![25]

Encore une fois, le double appel à la raison et à l'émotion, évident dans ces déclarations du sommet, est remarquable. Les appels à l'action sont dits explicitement s'enraciner dans un rejet strict et puissant de l'anthropocentrisme, pour autant que l'anthropocentrisme a conduit au comportement qui commande aujourd'hui l'action. Néanmoins, les appels eux-mêmes – en tant qu'ils font référence à la colère de la nature et à l'extinction de masse – expliquent l'origine de la crise écologique contre laquelle ils nous mettent en garde dans des termes parfaitement compatibles avec une vision du monde anthropomorphique. Ayant recours aux images de la nature furieuse, de l'enfance volée et de

21. R. Neukom, N. Steiger, J. J. Gómez-Navarro *et al.*, « No Evidence for Globally Coherent Warm and Cold Periods over the Preindustrial Common Era », *Nature* 571, 2019, p. 550-554. Consultable en ligne : https://doi.org/10.1038/s41586-019-1401-2.

22. Secrétaire géneral des Nations Unies, « Remarks at 2019 Climate Actions Summit », discours d'ouverture du Sommet Action Climat, New York, 2019, consultable en ligne : https://www.un.org/sg/en/content/sg/speeches/2019-09-23/remarks-2019-climate-action-summit

23. « Transcript of Greta Thunberg's Speech at The U.N. Climate Action Summit », *op. cit.*

24. *Ibid.*

25. *Ibid.* C'est nous qui soulignons.

l'extinction de masse, les appels à l'action ne se contentent pas de présenter, comme ils le prétendent, les faits scientifiques comme ils sont, mais sont davantage adaptés aux perceptions sensorielles, aux émotions, aux désirs et aux illusions que ces faits produisent quand ils sont perçus à partir d'une certaine perspective : celle d'un être humain vulnérable, souffrant et terrifié.

Pour bien comprendre le paradoxe ainsi constitué, je propose de prendre un peu de distance et de considérer ces déclarations du point de vue de leurs prémisses philosophiques implicites. En effet, pour autant que l'anthropocentrisme est l'un des effets d'une vision du monde erronée, l'anthropomorphisme, il semblerait que la correction de cet effet qu'est l'anthropocentrisme laisserait des traces sur l'autre effet, politique et normatif, de cette vision du monde[26]. C'est la raison pour laquelle je vais maintenant donner un aperçu de la constitution par Spinoza d'une métaphysique entièrement anti-anthropomorphique, et comment, malgré cet arrière-plan, il parvient – au moyen des exemples de l'Écriture et des prophètes – à expliquer l'utilisation discursive des émotions pour diffuser un message rationnel.

La nature et la moralité chez Spinoza

D'après un récent compte-rendu éclairant sur la critique spinoziste des prémisses philosophiques de la tradition de pensée judéo-chrétienne, toutes les conséquences de cette critique peuvent être repérées et déduites de l'appendice à la première partie de l'*Éthique*[27]. Dans la mesure où Spinoza a montré, dans la première partie de cet ouvrage, que Dieu est la cause impersonnelle, éternelle, indivisible, universelle et autocréatrice de toute réalité, il a posé les fondements permettant de rejeter les préjugés produits par une définition contraire de Dieu, comme l'idée de punition divine ou les notions de bien et de mal objectifs[28]. À cette fin, la première partie de l'*Éthique* ébauche les fondations d'une construction métaphysique de ce que les commentateurs considèrent communément comme étant l'engagement de Spinoza en faveur d'une version radicale du naturalisme philosophique[29].

Selon le *Court traité*, les choses singulières, leur existence finie et leur divisibilité devraient être comprises comme de simples modifications de la nature infinie et éternelle de Dieu[30]. Pour comprendre les choses individuelles dont le concept inclut les sentiments comme le bonheur, la joie, la tristesse et la haine, il est nécessaire d'étudier leurs causes et, puisque Dieu est la cause de toute chose, ce qui doit être étudié et compris est la nature de Dieu. C'est cela que Spinoza se propose de faire dans la première partie de l'*Éthique*. Il y établit la réalité de Dieu comme étant un être absolument infini, dont

26. Pour une approche contemporaine du fossé épistémologique que j'ai identifié ici entre une vision des choses externe – amorale, désintéressée et scientifique – et interne – perspectiviste –, voir T. Nagel, *The View from Nowhere*, Oxford, Oxford University Press, 1986.

27. H. De Dijn, « Spinoza on Truth, Religion and Salvation », *The Review of Metaphysics* 66/3, 2013, p. 545-564, p. 545.

28. *Ibid.*

29. M. Della Rocca, *Spinoza*, New York, Routledge, 2008, p. 192-193 ; B. Lord, « Spinoza, Equality, and Hierarchy », *History of Philosophy Quarterly* 31/1, 2014, p. 59-77, p. 60 ; K. Hübner, « Spinoza on Being Human and Human Perfection », *in* M. J. Kisner et A. Youpa, (eds.), *Essays on Spinoza's Ethical Theory*, Oxford, Oxford University Press, 2014, p. 124-142, p. 125.

30. *CT* I-II-21 et 22.

la nature enveloppe tout attribut concevable[31]. Puisque tous les attributs expriment Dieu, chacune de leurs expressions – chaque vague de la mer, chaque pierre et chaque arbre, chaque sentiment éprouvé de haine, de peur, ou d'espoir – peut être expliquée par la référence à la nature de Dieu, en termes de modification de l'un de ses attributs. À la fin de l'exposé de Spinoza sur Dieu, il est clair que celui-ci ne doit pas être confondu avec l'univers ou la totalité des choses, bien que la totalité des choses soit un aspect de Dieu. Hermann De Dijn explique ainsi : « Dieu est la Source, la Force, ou l'Énergie (la *Natura naturans*) sous-jacente (substance) à toute chose. La totalité des choses (l'univers), qui exprime la nature de Dieu et manifeste sa puissance, est appelée la *Natura naturata.* »[32]. Cette description de Dieu selon laquelle il comporte un aspect actif et un aspect passif rend la conception de Spinoza facile à assimiler à une représentation contemporaine de la nature. C'est encore plus clair à la lecture du scolie de la proposition 29 de la première partie de l'*Éthique*, qui établit l'adhésion sans réserve de Spinoza au nécessitarisme :

> [...] par nature naturée j'entends tout ce qui suit de la nécessité de la nature de Dieu, autrement dit de l'un de ses attributs, c'est-à-dire tous les modes des attributs de Dieu en tant qu'on les considère comme des choses qui sont en Dieu et qui sans Dieu ne peuvent ni être ni être conçues[33].

Cette conception de Dieu démontre le caractère insoutenable de l'anthropomorphisme – cette vision du monde qui s'enracine dans une compréhension commune de Dieu fondée sur la perception sensible[34]. Selon Spinoza, les émotions humaines et leurs effets sur les jugements de valeur que nous portons sur les choses ne sont pas fondamentalement différents des autres types de phénomènes naturels. Il est donc possible de comprendre la perspective et la perception humaines des choses dans les mêmes termes que ceux utilisés pour analyser et comprendre les forces à l'œuvre dans la causalité et les changements des phénomènes naturels[35]. De là suit nécessairement, selon Spinoza, le rejet de l'idée selon laquelle l'être humain est au centre, autrement dit : l'anthropocentrisme[36]. Ce rejet de l'anthropocentrisme est décrit par Hermann De Dijn comme la conséquence de la leçon enseignée par la nouvelle science, selon laquelle « nous, comme toute autre chose de la nature, sommes le résultat de causes efficientes et aveugles »[37]. Cette leçon conduit Spinoza à refuser la référence à l'homme « comme un empire dans un empire »[38]. Le caractère insoutenable de l'idée de providence divine est, selon Spinoza, indissociable de ce rejet.

Parce qu'il n'y a pas de rôle spécial réservé à l'être humain, il va sans dire qu'il n'y a pas de planification ou de finalité. En cohérence avec le rejet de l'anthropocentrisme, il n'y a donc pas de place théorique pour une téléologie

31. *E* I 11.
32. H. De Dijn, « Spinoza on Truth, Religion and Salvation », art. cit., p. 552.
33. *E* I 29 sc.
34. Voir H. De Dijn, « Spinoza on Truth, Religion and Salvation », art. cit.
35. *E* III préface.
36. *E* I app.
37. H. De Dijn, « Spinoza on Truth, Religion and Salvation », art. cit, p. 552.
38. *E* III préf.

naturelle. Ainsi, l'idée d'un progrès naturel, d'un mouvement vers quelque chose, doit être rejetée comme une illusion causée par l'erreur anthropocentrique, au fondement de notre manière traditionnelle de penser. Enfin, et c'est le plus important : selon Spinoza, dans la mesure où l'anti-anthropomorphisme et l'anti-anthropocentrisme ont des conséquences morales, d'autres idées sur la nature humaine doivent être refusées. La première est l'idée qu'il y a dans le monde un espace pour la contingence de nos comportements : l'anti-anthropocentrisme conduit Spinoza à adhérer à un déterminisme et un nécessitarisme causal rigoureux[39]. Cela rend complètement absurde l'idée d'une liberté de la volonté humaine, que Spinoza écarte donc comme une illusion[40]. Parce que nous ne sommes rien de plus que des composants pris dans un processus naturel sans fin et sans but[41], nos actions, comme nos idées, doivent être comprises comme étant complètement et entièrement déterminées par les lois physiques et psychologiques de ce processus.

Spinoza développe les effets de la naturalisation métaphysique de Dieu sur la morale dans les dernières parties de l'*Éthique*. Cet ouvrage peut être considéré, dans sa totalité, comme l'explication de l'existence humaine considérée du point de vue d'une métaphysique dépouillée de ses tendances anthropomorphiques (décrite et démontrée dans la première partie) : ses effets sur l'épistémologie sont traités dans la deuxième partie, ceux relatifs à la psychologie dans la troisième, et enfin, les effets sur les concepts moraux et la vertu humaine sont abordés dans les parties IV et V.

Bien évidemment, la première et principale conséquence morale des prémisses métaphysiques posées dans la première partie de l'*Éthique*, c'est la naturalisation des commandements de Dieu. Le Dieu non-anthropomorphique de Spinoza ne produit que des « commandements » descriptifs, des règles qu'on trouve dans la nature et qui peuvent être déchiffrées par les langages naturels des mathématiques et de la physique. Le déterminisme rigoureux démystifie l'idée de message divin relatif au bien et au mal, puisqu'il n'y a pas de messager conscient souhaitant formuler un tel message ; il n'y a pas de divinité personnelle qui veut ou désire quoi que ce soit eu égard à l'être humain ou à toute autre espèce d'être. Transformés en guides de comportement (théories normatives) pour les êtres humains, les « commandements » peuvent être traduits, selon Spinoza, en une éthique qui vise la compréhension rationnelle, et une morale qui vise la coopération sociale comme moyen qui facilite une telle compréhension.

Spinoza n'a de cesse de soutenir l'idée que le bien suprême pour l'être humain est d'acquérir une compréhension rationnelle de Dieu ou, ce qui revient au même, de la nature. Il l'affirme de diverses manières dans toutes ses œuvres. Dans le *TTP*, Spinoza écrit : « Puisque la meilleure partie de notre être est l'entendement, si nous voulons vraiment chercher notre utile propre,

39. Voir par exemple M. Della Rocca, *Spinoza*, *op. cit.*, p. 69-78.

40. Y. Y. Melamed, « The Causes of Our Belief in Free Will : Spinoza on Necessary, "Innate", yet False Cognition », *in* Y. Y. Melamed (éd.), *Spinoza's Ethics : A Critical Guide*, Cambridge, Cambridge University Press, 2017, p. 121-141.

41. Spinoza lui-même recourt à l'image de l'argile entre les mains du potier dans l'*Éthique*, comme une métaphore qui illustre notre statut métaphysique en relation avec le concept de liberté. *Cf.* les lettres 75 et 78 à Oldenburg, dans *Correspondance*, trad. fr. M. Rovere, Paris, GF-Flammarion, 2010.

nous devons certainement, avant toute chose, nous efforcer de perfectionner l'entendement dans la mesure du possible, car c'est dans sa perfection que doit consister notre souverain bien »[42]. Ce que cela signifie de perfectionner la meilleure partie de notre être et comment cela est lié à la compréhension et à l'amour de Dieu est expliqué dans l'*Éthique*, notamment dans *E* IV 28 dém. et *E* V 20 dém. Dans le premier texte, Spinoza nous rappelle le fait que l'esprit humain est actif, c'est-à-dire libre, pour autant qu'il se comprend lui-même et comprend les choses selon leurs causes et non selon les effets que les choses ont sur l'esprit. Puisqu'il n'y a pas de puissance externe de comprendre au-delà de la puissance dont les êtres humains sont partie intégrante, se comprendre soi-même revient à comprendre Dieu. De là suit que l'objet le plus parfait dont l'esprit puisse former une connaissance étant Dieu ou la Nature, la perfection de l'esprit – son cheminement vers la liberté – revient à connaître Dieu ou la Nature adéquatement.

De là suit nécessairement, selon Spinoza, le rejet de l'idée selon laquelle l'être humain est au centre, autrement dit : l'anthropocentrisme.

Les préceptes moraux que Spinoza tire de cette conception de la plus haute vertu humaine sont énoncés dans les propositions de l'*Éthique* (parties IV et V) qui constituent ce qu'on appelle habituellement les préceptes de la raison. Ces propositions reflètent les actions et les décisions qu'un être humain pleinement rationnel accomplirait et prendrait dans différentes situations, pour autant qu'il ou elle serait guidée par l'*Éthique* et ferait effort pour comprendre rationnellement plutôt que de s'en remettre à une norme extérieure du bien et du mal. Comme il a été souligné par de nombreux commentateurs avant moi, la question du bien et du mal – entendus comme normes externes – n'a pas lieu d'être, selon Spinoza, sinon relativement aux émotions et aux idées inadéquates des êtres humains[43]. Au contraire, le message moral de l'*Éthique* appelle à la compréhension ; dans le cadre de la vraie métaphysique (non anthropocentrique et non anthropomorphique), le problème moral des êtres humains concerne la manière de vaincre leur propension à percevoir les choses selon leurs effets sur eux, afin de pouvoir les comprendre par leurs causes efficientes[44]. Bien évidemment, la morale relative à la métaphysique naturaliste de Spinoza apparaît dès lors comme « non morale ». Elle renverse la compréhension du bien et du mal entendus comme norme extérieure, au profit d'une explication du bien comme « ce que nous savons avec certitude être un moyen de nous approcher de plus en plus de ce modèle de la nature humaine que nous nous proposons », et du mal comme « ce que nous savons avec certitude nous empêcher de reproduire ce même modèle »[45]. Étant donné la nature du modèle (l'être qui correspond aux préceptes de la raison) auquel

42. *TTP* IV-4.
43. Voir S. Nadler, *Spinoza's Ethics : An Introduction*, Cambridge, Cambridge University Press, 2006, p. 215-221 ; M. LeBuffe, *From Bondage to Freedom : Spinoza on Human Excellence*, Oxford, Oxford University Press, 2010 ; H. De Dijn, « Spinoza on Truth, Religion and Salvation », art. cit., p. 554.
44. M. LeBuffe, *From Bondage to Freedom : Spinoza on Human Excellence*, *op. cit.*, p. 8-11.
45. E IV préf.

il est fait référence, nous pouvons en conclure que ce que Spinoza associe aux moyens pour nous en approcher est la pensée rationnelle, et que ce qu'il associe à ce qui nous en éloigne est la pensée passionnelle et l'imagination. Cette compréhension rationaliste du bien et du mal convient parfaitement avec l'accent mis par Spinoza dans la conclusion de l'*Éthique* à propos des effets inhérents et immédiats de la vertu humaine. Dans E V 42, il affirme que « la béatitude n'est pas le prix de la vertu mais la vertu elle-même ».

Avant d'aller plus en profondeur dans les écrits normatifs de Spinoza, je voudrais juste faire une remarque préliminaire relative au mouvement écologique contemporain, à partir de la perspective qu'offre notre compte-rendu des prescriptions morales de l'*Éthique*. Si l'on se focalise uniquement sur les parties des écrits de Spinoza qui traitent de métaphysique, et du modèle de l'être humain qui émerge si l'on s'en tient scrupuleusement à cette métaphysique, il est difficile d'aborder le paradoxe décrit précédemment à propos du mouvement écologique autrement que comme constituant une erreur épistémologique grave. Il est difficile de concilier le fait de prendre comme fondement d'un appel au changement un sentiment de dépression très intime, né de celui d'être privé d'un avenir et des échecs d'autrui pour nous protéger, avec l'explication spinoziste de ces « croyances qui ne sont que le résultat d'un manque de connaissance et de désirs irrationnels »[46]. La réponse de Spinoza au problème de la vie bonne implique une recherche philosophique dans la mesure où cela implique d'établir un guide pour nos actions, fondé sur l'effort pour vaincre les idées à tonalité émotionnelle du genre de celles mentionnées juste ici, plutôt que d'en faire le ressort de notre action[47]. Le premier et principal effet d'une compréhension des choses véritablement basée sur une métaphysique anti-anthropomorphique, c'est de réaliser le fait que la philosophie est en elle-même un projet éthique, et qu'il n'est pas besoin de formuler une éthique *à partir* d'une philosophie. Ainsi, le problème éthique de la vie bonne est résolu, pour Spinoza, par une connaissance rationnelle de nos émotions et de nos désirs, plutôt qu'en laissant ces émotions et désirs diriger davantage encore notre entendement. Dans cette perspective, la rhétorique du mouvement écologique contemporain n'est pas seulement contradictoire, mais est aussi contre-productive relativement à l'objectif visé, qui est de permettre aux gens de comprendre la crise écologique en cours.

Néanmoins, comme indiqué auparavant, les préceptes de la raison ne constituent pas la totalité de ce que Spinoza a à dire sur la morale. En fait, c'est jusque dans l'éthique radicalement naturalisée et amorale de l'*Éthique* qu'il y a un espace pour une conception alternative de la morale[48]. Cet espace est davantage exploré dans le *TTP*, ouvrage qui s'attelle à démontrer la thèse selon laquelle la politique et la religion instituée sont nécessaires *parce que* la nature humaine est naturellement encline à former des idées fondées sur l'expérience plutôt que sur la raison[49]. Dans le traitement que Spinoza fait de la disposition humaine pour les passions et les émotions dans le *TTP*, on

46. H. De Dijn, « Spinoza on Truth, Religion and Salvation », art. cit., p. 549.
47. TRE § 7-12.
48. Voir par exemple E IV 37 sc. 2.
49. E IV 37 sc. 2.

trouve des analyses et des arguments qui permettent de nuancer l'appréciation négative du recours aux émotions par le mouvement écologique moderne, appréciation à laquelle conduit son éthique. Comme on l'a dit, ces arguments ont un lien avec l'explication par Spinoza du rôle qu'a le prophète comme étant celui qui transmet les préceptes de la raison naturelle au travers d'idées tout à fait imaginaires, et donc irrationnelles. Ainsi, dans la mesure où les appels à l'action de Greta Thunberg suivent la même forme rhétorique que celle décrite par Spinoza relativement aux prophètes des Écritures, nous pouvons recourir à ces descriptions pour comprendre les mécanismes à l'œuvre dans le mouvement écologique contemporain.

La religion, la connaissance prophétique et le mouvement écologique contemporain

Dans le cinquième chapitre du *TTP*, Spinoza explicite la nécessité d'ériger un cadre normatif basé sur l'idée anthropocentrique traditionnelle (et erronée) de l'être humain, de la nature et de Dieu. Il écrit :

> Cela dit, si les hommes avaient été ainsi constitués par la nature que leurs désirs suivent toujours ce qu'indique la Raison vraie, la société n'aurait nullement besoin des lois; *il serait bien suffisant de dispenser aux hommes les vrais enseignements moraux pour qu'ils fassent de bon gré et d'une âme libre ce qui est vraiment utile, s'y adonnant tout entiers et librement.* Mais en fait, la nature humaine a une constitution bien différente. Tous recherchent bien ce qui leur est utile, mais ils le font *non par un commandement de la saine Raison, mais par le seul désir sensuel, et c'est entraînés le plus souvent par les passions de l'âme* (sans tenir compte du futur ni d'autre chose), qu'ils désirent les choses et les jugent utiles. Il s'ensuit qu'aucune société ne peut subsister sans un pouvoir, une force et par conséquent des lois qui modèrent et retiennent le désir sensuel des hommes et leur emportement effréné[50].

Dans ce passage, Spinoza explique la relation entre le bien-être éthique et la société. La nature humaine ne suffit pas à elle seule à diriger de façon fiable les individus vers leur propre perfection – qui va de pair avec une compréhension vraie de la nature. D'autres êtres et d'autres choses autour de nous perturbent notre effort vers la perfection de notre raison, et le seul moyen de surmonter ces fréquents obstacles est la coopération mutuelle[51]. Et tandis que la raison nous indique clairement qu'une vie dans la paix et la sécurité est en effet nécessaire pour que l'effort pour le bien suprême qu'est le perfectionnement de la connaissance de Dieu/nature soit couronné de succès, la puissance de cette connaissance sera toujours relative à la puissance des autres affects et idées. Comme Spinoza l'explique dans l'*Éthique* : « La connaissance vraie du bien et du mal, en tant que vraie, ne peut contrarier aucun affect; elle ne le peut qu'en tant qu'elle est considérée comme un affect »[52]. Et parce qu'« un affect ne peut être contrarié ou supprimé que par un affect contraire, et plus

50. *TTP* V-8. Nous soulignons.
51. *E* IV ax. 1, E IV 18 sc. et TP II-15.
52. *E* IV 14.

fort que l'affect à contrarier »[53], il ne suffit pas de s'en remettre tout entier à la puissance du vrai et de la raison en matière politique.

Concernant la rhétorique du mouvement écologique, la leçon à tirer de ces propositions semble être la suivante : toute direction qu'un dirigeant ou qu'un acteur politique influent souhaite imposer à un groupe d'individus en termes de mode de vie doit être transmise d'une manière convaincante pour normer ce groupe. Paradoxalement, ce conseil s'applique même à ceux qui plaident en faveur d'un mode de vie dans lequel les individus ne sont pas tant agités par des émotions et des arguments normatifs que par des arguments descriptifs et scientifiques. On peut justifier cette conclusion en déchiffrant plus attentivement la signification d'*E* IV 14 et 7 dans le contexte politique de la gouvernance. Spinoza lui-même utilise ces deux propositions pour défendre le caractère naturel des causes des sociétés humaines ainsi que l'origine rationnelle d'une autorité politique externe et artificielle[54]. À cette fin, il prétend que même si les résultats d'une vie dédiée à la raison sont sans le moindre doute la paix et la sécurité, la paix et la sécurité doivent être d'abord imposées, et par des moyens irrationnels (autrement dit, par des moyens qui sont aussi utiles pour imposer l'instabilité et le désordre), avant que la puissance de la raison puisse être pleinement développée. Je prétends que ce raisonnement peut également être appliqué à la constance avec laquelle le mouvement écologique use de messages à teneur émotionnelle, dont le but semble être de donner toute sa puissance à une description non-émotionnelle de la nature.

C'est la raison pour laquelle, fondamentalement, Spinoza écrit son traité sur la religion et la politique. Comme Norman Brown le souligne, « le philosophe qui célèbre dans l'*Éthique* la vie pure consistant dans la contemplation théorique rencontre dans le *Tractatus theologico-politicus* [...] les problèmes complexes et embrouillés qu'implique la relation entre la philosophie et le monde réel non-philosophique[55] ». Spinoza connaît bien la difficulté qu'enveloppe la détermination d'un équilibre entre la liberté de philosopher, nécessaire au bien suprême, et la finalité politique et religieuse que sont l'obéissance et la foi. Pourtant, cet exercice d'équilibriste ne le décourage pas, tant il semble convaincu que la première est la condition des seconds[56]. Il suggère que certaines stratégies politiques et certaines expressions religieuses sont meilleures que d'autres en tant que moyens pour la finalité éthique qu'est la compréhension rationnelle[57]. Une mauvaise gestion des émotions finit en tyrannie, et un mauvais usage religieux des idées irrationnelles (fantasmatiques) finit par accroître la superstition. Les deux finissent par produire un peuple difficile à gouverner, car ils ne le conduisent pas à s'approcher collectivement de la connaissance rationnelle et, par conséquent, affaiblissent les puissances politiques et religieuses en

53. *E* IV 7.
54. *E* IV 37 sc. 2.
55. N. O. Brown, « Philosophy and Prophecy : Spinoza's Hermeneutics », *Political Theory* 14 (2), 1986, p. 195-213, p. 195.
56. *TTP* préf. § 12.
57. *TTP* préf. § 14.

question[58]. C'est pourquoi Spinoza n'a de cesse d'identifier un lien entre les passions humaines et la raison d'être des sociétés organisées, mais s'efforce également de mener « une enquête rationnelle ou scientifique sur la nature de l'autorité » et une « enquête rationnelle sur le principe de l'irrationalité dans les affaires humaines »[59].

Ainsi, dans le *TTP*, Spinoza recourt à la raison pour examiner l'opposé de la raison : la foi. En faisant se confronter la philosophie avec son opposé, il utilise le concept de prophétie pour désigner la « forme fondamentale du principe d'autorité dans les affaires humaines »[60]. Le traitement que fait Spinoza de la foi comme opposé de la raison, et de la prophétie comme principal outil de gouvernement, atteste que la rhétorique identifiée auparavant dans le mouvement écologique contemporain est une rhétorique prophétique. Ci-dessus, j'ai souligné (au travers de l'exemple de la page de couverture et de la quatrième de couverture de l'édition du *Dagens Nyheter* dirigée temporairement par Greta Thunberg) le fait que les arguments utilisés pour attirer l'attention des gens sur le discours relatif au changement climatique sont opposés épistémologiquement aux arguments que ce même discours place au centre de ses préoccupations. Puisque les arguments portant sur l'état écologique de la nature placés au centre du discours écologique sont des preuves scientifiques dérivées de l'usage de la raison, il devient clair que les arguments utilisés par le mouvement pour attirer l'attention du public pourraient être analysés en recourant aux concepts utilisés par Spinoza pour examiner la foi.

La pertinence de l'analyse spinoziste de la prophétie pour éclairer la configuration actuelle du mouvement écologique frappe aussi immédiatement si on consulte la définition initiale du prophète comme « celui qui interprète ce qui a été révélé par Dieu pour ceux qui sont incapables d'en avoir une connaissance certaine et qui, de ce fait, ne peuvent l'embrasser que par la simple foi »[61]. Dans le cadre du naturalisme philosophique de Spinoza, la révélation doit être comprise en termes de « connaissance certaine d'une chose révélée par Dieu aux hommes »[62]. En conséquence, il ne semble pas y avoir de différence entre l'objet de connaissance du prophète et l'objet de connaissance qu'investit la méthode rationnelle : il s'agit de la connaissance de la nature[63]. Néanmoins, parce que cette définition semble identifier la connaissance prophétique et la connaissance naturelle – faisant du philosophe un prophète – Spinoza précise rapidement la signification du terme « prophétie » :

> De la définition que je viens d'en donner, il suit qu'on peut nommer prophétie la connaissance naturelle. En effet ce que nous connaissons par la lumière naturelle dépend de la seule connaissance de Dieu et de ses décrets éternels. Cependant, comme cette connaissance naturelle est commune à tous les hommes – car elle dépend de fondements communs à tous –, le vulgaire, toujours avide de choses rares et étrangères à sa nature, toujours dédaigneux

58. *TTP* préf. § 5.
59. N. O. Brown, « Philosophy and Prophecy : Spinoza's Hermeneutics », art. cit.
60. *Ibid.*
61. *TTP* I-1.
62. *Ibid.*
63. *TTP* I-2.

des dons naturels, ne lui accorde guère de prix et veut donc l'exclure dès qu'on parle de connaissance prophétique[64].

C'est justement pour mettre l'accent sur la manière dont les êtres humains font communément une séparation entre le divin et la nature (la morale et la nature, le devoir et l'être) qu'une fonction spécifique peut être assignée au prophète. Évidemment, dans la perspective de Spinoza, la connaissance des mécanismes de la nature est une connaissance de Dieu. Cependant, il est parfaitement conscient du fait que sa conception n'est pas celle à laquelle la plupart des êtres humains parviennent naturellement, à la différence de l'imagination de Dieu comme un être transcendant la nature. La fonction du prophète, selon Spinoza, est d'être comme un tuteur pour les individus qui n'ont pas l'autonomie rationnelle suffisante pour connaître les choses clairement. Ainsi, la prophétie ne peut être identifiée à la connaissance naturelle. Si elle l'était, elle n'aurait aucun pouvoir affectif sur les gens dont elle doit assurer la tutelle, et plus important encore, elle ferait de ses auditeurs eux-mêmes des prophètes, comme il en va de celui qui devient sage s'il comprend la connaissance naturelle :

> [...] bien que la science naturelle soit divine, ceux qui la font connaître ne peuvent être appelés prophètes. Car ce qu'ils enseignent, le reste des hommes peut le percevoir et l'embrasser avec la même certitude et avec autant de titres qu'eux-mêmes, et sans recourir à la foi seulement[65].

Ainsi, ce qui distingue la prophétie n'est pas la véracité de son message, mais l'autorité de son messager. En effet, la perspective anthropomorphique instituée par la religion peut être expliquée comme une conséquence des limites de la connaissance humaine : « [...] l'Écriture a coutume de peindre Dieu comme un homme, et d'attribuer à Dieu, à cause de la faiblesse du vulgaire, un esprit, une âme, les affects de l'âme, et aussi un corps et une haleine [...] »[66].

Spinoza en conclut, dans le chapitre suivant du *TTP* sur les prophètes, que « les prophètes ont été doués non pas d'un esprit plus parfait, mais plutôt de la puissance d'imaginer avec plus de vivacité »[67]. En fait, il y a une corrélation entre la diminution du pouvoir de l'imagination et une augmentation de l'aptitude rationnelle qui aide à expliquer le rôle singulier et très spécifique joué par le prophète dans l'effort que font les hommes, collectivement, pour atteindre la connaissance rationnelle[68]. Spinoza écrit :

> [...] ceux qui excellent par l'imagination ne sont guère aptes à la pure intellection ; et au contraire ceux qui excellent par l'entendement, et qui le mettent le plus en œuvre, ont une puissance d'imaginer plus tempérée et plus dominée, la tenant comme sous le joug, afin qu'elle ne se mêle pas avec l'entendement[69].

64. *TTP* I-2.
65. *TTP* I-3.
66. *TTP* I-25.
67. *TTP* II-1.
68. Voir J. Dahlbeck & M. De Lucia Dahlbeck, « The Moral Fallibility of Spinoza's Exemplars : Exploring the Educational Value of Imperfect Models of Human Behavior », *Ethics and Education* 15/2, 2020.
69. *TTP* II-1.

Aussi anachronique que cela puisse paraître, on peut voir dans ce passage comme une adresse directe de Spinoza à Greta Thunberg relativement à ses propos devant les chefs d'État du monde entier. Tandis qu'elle se tenait devant eux et disait : « Ce n'est pas juste. Je ne devrais pas être ici. Je devrais être à l'école de l'autre côté de l'océan. Pourtant, vous venez nous demander, à nous les jeunes, d'avoir de l'espoir. Comment osez-vous ? », l'analyse spinoziste du prophète explique son attitude au sommet de l'ONU. C'est comme si Spinoza lui disait : « Tu es parfaitement à la place où tu dois être. Avec ton imagination encore non entravée par un intellect pleinement développé, tu es parfaite dans le rôle d'interprète des décrets de la nature pour ceux qui – comme toi – doivent s'en remettre à une autorité extérieure et à la foi *pour les embrasser.* » En d'autres termes, indépendamment de l'affirmation ou du rejet par Spinoza de la prophétie comme outil politique – ou de la critique prophétique contre l'autorité du souverain – sa description du rôle des prophètes dans la sphère politique peut servir d'appui à la compréhension des mécanismes qui sont à l'œuvre dans les actions menées par le mouvement écologique aujourd'hui.

Moa de Lucia Dahlbeck
Professeur associé – Université Argentine de la Empresa
Enseignante – Université de Malmö

Traduit de l'anglais par Jacques-Louis Lantoine

Actualité de Spinoza

SPINOZA ET LA LIBERTÉ DE PHILOSOPHER

Mogens Lærke

Dans cette contribution, je reviens sur la « liberté de philosopher » que, selon le sous-titre de l'ouvrage, Spinoza se propose de défendre dans son *Traité théologico-politique*. Je montre notamment qu'il s'agit d'une forme complexe et positive de liberté à ne pas confondre avec la conception de la liberté d'expression et du *free speech* dont on parle dans le discours politique d'aujourd'hui. Je montre ainsi que la liberté de philosopher n'est pas un droit civil accordé par l'État mais un style ou mode de parler dont l'autorité repose sur un droit naturel inaliénable, inséparable de la nature humaine.

Au chapitre XX du *Traité théologico politique*, Spinoza déclare que « la fin de la république c'est donc en fait la liberté »[1]. Et pourtant, dix-sept chapitres plus tôt, il propose avec autant de confiance que « la fin de toute société et de tout État est [...] de vivre dans la sécurité et commodément »[2]. Quelle est donc la fin de la république pour Spinoza : la liberté, ou la sécurité? Pour saisir la cohérence de ces déclarations divergentes, il faut tout d'abord réaliser l'importance de la conjonction « donc » (*ergo*) dans la première phrase citée : « la fin de la république c'est *donc* [*ergo*] en fait la liberté ». Ce petit mot est important parce qu'il nous incite – ou même, il nous oblige ! – à consulter le passage précédent dans le texte pour mieux comprendre ce qu'il entend par le mot « liberté ». Or le passage en question explique comment la fin de l'État vis-à-vis des citoyens consiste « à ce que leur esprit et leur corps accomplissent en sécurité leurs fonctions, et qu'eux-mêmes utilisent la libre raison, sans rivaliser de haine, de colère et de ruse et sans s'affronter avec malveillance »[3]. Nous comprenons alors que, si la liberté et la sécurité

1. *TTP* XX-6, p. 636-637. Abréviations utilisées : *TTP* pour Spinoza, *Traité Théologico-politique*, éd. F. Akkerman, trad. fr. J. Lagrée et P.-F. Moreau, dans *Œuvres*, III, Paris, P.U.F., 1999; E pour *Ethica* / *Éthique*, éd. F. Akkerman et P. Steenbakkers, trad. fr. P.-F. Moreau, dans *Œuvres*, IV, Paris, P.U.F., 2020.
2. *TTP* III-6, p. 158-159.
3. *TTP* XX-3, p. 636-637.

constituent à elles deux la fin de l'État, c'est parce que la sécurité fait partie intégrante de la liberté, ou parce que la sécurité n'est qu'un composant dans une notion plus complexe de la liberté qui incorpore également l'usage de la raison, l'équité, et l'absence de haine, de colère, et de tromperie.

Cette conception complexe de la liberté gouverne aussi le sens de la notion que Spinoza introduit dans le sous-titre du *TTP*[4], à savoir la *libertas philosophandi*, ou « liberté de philosopher ». Afin de bien comprendre le sens de cette expression, il faut tout d'abord écarter une lecture courante et que je pense profondément erronée, selon laquelle la liberté de philosopher est quelque chose de comparable à une permission légale de dire ce qu'on veut, permission qui est accordée par l'État. Elle serait l'équivalent d'un droit à la « libre parole » (*free speech*), au sens que cette expression a acquis notamment dans la tradition légale et la culture politique américaine. Ce droit, inscrit dans le premier amendement de la Constitution des États-Unis, dispose que le gouvernement « ne pourra faire aucune loi ayant pour objet l'établissement d'une religion ou interdisant son libre exercice, de limiter la liberté de parole ou de presse, ou le droit des citoyens de s'assembler pacifiquement et d'adresser des pétitions au gouvernement pour qu'il mette fin aux abus »[5]. Dans l'histoire de la réception du spinozisme, cette lecture erronée remonte surtout au long article très célèbre de Leo Strauss intitulé « How to Study Spinoza's *Theologico-political Treatise* »[6]. Il s'agit d'une lecture de la liberté de philosopher qui présuppose une distinction assez radicale entre la notion spinoziste de la liberté dans l'*Éthique* et celle du *TTP*. On en parle souvent en termes d'une lecture « libérale » de Spinoza. L'article de Strauss fut publié pour la première fois il y a plus d'un demi-siècle, en 1948, et beaucoup a été dit depuis[7]. Mais, *mutatis mutandi*, la lecture reste très présente dans les études spinozistes. D'abord consolidée et approfondie en 1958 par Lewis S. Feuer dans son *Spinoza and the Rise of Liberalism*[8], l'exemple le plus important reste *Spinoza, Liberalism and the Question of Jewish Identity*, publié en 1997 par Steven B. Smith[9]. Pour un exemple plus récent, on peut consulter le livre sur la tradition de la religion civile publié par Ronald Beiner en 2005, intitulé *Civil Religion* : selon cet auteur, la *libertas philosophandi* exprime la conviction que « la société libérale requiert un espace protégé de liberté intellectuelle »[10] et le chapitre XX du *TTP* représente « l'énonciation

4. *Traité théologico-politique, contenant plusieurs dissertations qui montrent que la liberté de philosopher non seulement peut être accordée sans dommage pour la piété et la paix de la république, mais aussi qu'on ne peut l'ôter sans ôter en même temps la paix de la république et la piété.*

5. United States Constitution, Bill of Rights, 1er amendement, adopté le 25 septembre 1789; ratifié le 15 décembre 1791 : « *Congress shall make no law respecting an establishment of religion, or prohibiting the free exercise thereof; or abridging the freedom of speech, or of the press; or the right of the people peaceably to assemble, and to petition the Government for a redress of grievances* » [https://constitutioncenter.org/interactive-constitution/amendment/amendment-i].

6. L. Strauss, « How to Study Spinoza's Theologico-Political Treatise », in *Proceedings of the American Academy for Jewish Research* 17, 1947-1948, p. 69-131.

7. Pour une autre étude qui résiste aussi à toute lecture libéraliste de la liberté de philosopher de Spinoza, voir J. E. Cooper, « Freedom of Speech and Philosophical Citizenship in Spinoza's *Theologico-Political Treatise* », in *Law, Culture and the humanities* 2, 2006, p. 91-114.

8. L. S. Feuer, *Spinoza and the Rise of Liberalism*, Boston, Beacon Press, 1958, p. 65.

9. S. B. Smith, *Spinoza, Liberalism, and the Question of Jewish Identity*, New Haven, Yale University Press, 1997.

10. R. Beiner, *Civil Religion. A Dialogue in the History of Political Philosophy*, Cambridge, Cambridge University Press, 2010, p. 114-115. Désormais *Civil Religion*.

consommée du libéralisme de Spinoza »[11] où celui-ci cherche « à ouvrir un espace élargi pour la liberté individuelle »[12].

On me dira que cette lecture libérale est une affaire de commentateurs Américains et qu'elle ne concerne pas le contexte français. Aucun besoin, toutefois, de passer outre-Atlantique pour s'apercevoir du problème : même chez nous la compréhension de la *libertas philosophandi* spinoziste comme une sorte de formulation précoce de la « liberté d'expression » à la française reste extrêmement courante. Et voici la formulation fondamentale de celle-ci tirée de l'article 10, § 1, de la *Convention européenne des droits de l'homme*, selon lequel « toute personne a droit à la liberté d'expression. Ce droit comprend la liberté d'opinion et la liberté de recevoir ou de communiquer des informations ou des idées sans qu'il puisse y avoir ingérence d'autorités publiques et sans considération de frontière »[13]. Certes, selon la *Convention*, ces affirmations sont immédiatement suivies d'une longue liste d'exceptions possibles, des « formalités, conditions ou sanctions » qui s'appliquent sous prétexte que « l'exercice de ces libertés comportant des devoirs et des responsabilités peut être soumis à certaines formalités, conditions ou sanctions, prévues par la loi, qui constituent des mesures nécessaires, dans une société démocratique »[14]. Mais dans l'une et l'autre définition, Américaine ou Européenne, peu importe s'il est question de *free speech* ou de « liberté d'expression », et malgré la prudence de la formulation de cette dernière, la liberté en question se construit comme un droit individuel des citoyens que l'État honore en ne mettant pas de restrictions sur ce que l'on peut dire. Elle est conçue comme une liberté « négative », pour reprendre l'expression d'Isaiah Berlin[15], selon une compréhension de la liberté dont l'expression paradigmatique est la définition hobbesienne de la liberté comme « absence d'opposition externe »[16]. Bien entendu, même dans le contexte américain, la liberté de parole n'est pas illimitée. Reste que, selon une conception partagée, si l'on parle librement ou non ne dépend pas de ce qu'on dit ou de la manière dont on le dit, mais est uniquement une question de savoir si on a la permission légale de le dire ou non. Profiter de cette permission de s'exprimer, peu importe par ailleurs ce qu'on dit, revient à exercer sa liberté de parler ou de s'exprimer. Or, une telle compréhension négative de la liberté est à l'opposé exact de la compréhension « positive » de la liberté comme autonomie ou détermination

11. R. Beiner, *Civil Religion, op. cit.*, p. 145.

12. R. Beiner, *Civil Religion, op. cit.*, p. 146. Pour quelques autres études qui déclarent Spinoza politiquement « libéraliste », voir J. Schwartz, « Liberalism and the Jewish Question : A Study of Spinoza and the Young Marx », in *Political Theory* 13, 1985, p. 58-84; D. J. Den Uyl et S. D. Warner, « Liberalism and Hobbes and Spinoza », in *Studia Spinozana 3*, 1987, p. 261-318.

13. *Convention de sauvegarde des droits de l'homme et des libertés fondamentales et protocole additionnel*, Conseil de l'Europe, 1950, Art. 10, § 1, p. 5.

14. *Convention de sauvegarde des droits de l'homme et des libertés fondamentales et protocole additionnel*, Conseil de l'Europe, 1950, Art. 10, § 2 p. 5-6. Sous ces exceptions entrent « des mesures nécessaires [...] à la sécurité nationale, à l'intégrité territoriale ou à la sûreté publique, à la défense de l'ordre et à la prévention du crime, à la protection de la santé ou de la morale, à la protection de la réputation ou des droits d'autrui, pour empêcher la divulgation d'informations confidentielles ou pour garantir l'autorité et l'impartialité du pouvoir judiciaire. »

15. I. Berlin, « Two Concepts of Liberty » [1958], *in* I. Berlin, *Liberty*, éd. H. Hardy, Oxford, Oxford University Press, 2020.

16. T. Hobbes, *Leviathan*, 3 vol., éd. N. Malcolm, Oxford, Oxford University Press, 2012, chap. XIV, p. 198.

de soi que Spinoza épouse dans l'*Éthique* quand il écrit, définition 7 de la première partie : « sera dite libre la chose qui existe par la seule nécessité de sa propre nature, et qui est déterminée par soi seule à agir »[17]. Et c'est exactement cela qui fait soupçonner que la « liberté de philosopher » spinoziste doit être quelque chose d'entièrement différent du *free speech* ou de la liberté d'expression, à savoir : quelque chose qui en effet dépend de ce qu'on dit et de la manière dont on le dit, une liberté construite de l'intérieur et à partir de sa propre nature, peu importe en fin de compte les restrictions qu'on lui impose de l'extérieur, c'est-à-dire, peu importe s'il est permis de l'exercer ou non. Et en réalité, je pense que, pour Spinoza, déterminer si le philosopher est libre ou non n'est pas du tout une question légale; c'est une question de savoir si ceux qui s'y adonnent le font avec bonne foi et intégrité, c'est-à-dire, si ce qu'ils disent reflètent vraiment ce qu'ils pensent et si ce qu'ils pensent reflète un jugement qu'ils peuvent vraiment appeler le leur.

La « liberté de philosopher » spinoziste doit être quelque chose d'entièrement différent du *free speech.*

Un premier pas important à faire afin d'éviter l'assimilation de la liberté de philosopher spinoziste aux traditions légales du *free speech* ou de la « liberté expression » consiste à ne pas confondre cette « liberté » (*libertas*) avec ce dont Spinoza parle en termes d'une « permission » (*licentia*) de penser ce qu'on veut et de dire ce qu'on pense. Cette dernière notion figure aussi à une place importante dans le *TTP*, dans le chapitre XX, dont le titre annonce que « dans une libre république, il est permis à chacun de penser ce qu'il veut et de dire ce qu'il pense »[18]. Et là, en effet, il s'agit d'une forme de liberté d'expression, mais restreinte et encadrée et surtout très différente de la liberté de philosopher. Toutefois, selon une interprétation malheureusement dominante, basée sur des assimilations auxquelles même les meilleurs commentateurs ont tendance à souscrire presque par inadvertance, la « liberté de philosopher » et la « permission de dire ce qu'on pense » sont une seule et même chose : elles font référence à un droit de parler accordé aux citoyens dans une république libre mais refusé dans une république qui n'est pas libre. Or, à mon sens, la liberté de philosopher n'est vraiment pas cela.

Commençons par la conclusion : la liberté de philosopher n'est pas un droit civil accordé par l'État mais un style ou mode de parler dont l'autorité repose sur un droit naturel inaliénable, inséparable de la nature humaine. Pour arriver à cette conclusion, il faut tout d'abord s'apercevoir de la connexion étroite qui existe entre la liberté de philosopher et un thème qu'on pourrait penser mineur mais que Spinoza discute assez longuement et auquel on n'a pas assez prêté d'attention, à savoir, le style épistolaire des apôtres, notamment Saint Paul.

Dans le chapitre XI du *TTP*, le seul chapitre du livre qui porte sur les textes du Nouveau Testament, Spinoza discute deux formes de prédication

17. *E* I déf. 7, p. 100-101.
18. *TTP* XX, p. 632-633.

auxquelles Saint Paul fait référence dans 1 Cor 14 : 6, l'une relevant d'une révélation (*ex revelatione*), l'autre d'une connaissance (*ex cognitione*)[19]. Ces deux formes de prédication, nous explique Spinoza, sont des « manières de parler » (*modi loquendi*), des « styles » (*styli*) différents. Ils sont employés par les apôtres avec des objectifs différents : le premier afin de transmettre la révélation sous forme de commandements; le deuxième afin d'enseigner la doctrine sous forme d'arguments et d'explications[20]. Le premier style, *ex revelatione*, est celui dont se servent les apôtres quand ils prêchent en public, comme narré dans les Actes; le deuxième, *ex cognitione*, est celui dont ils se servent dans les Épîtres. Spinoza procède ensuite à une analyse très précise de ce dernier. L'ayant déjà exploré ailleurs, je n'entrerai pas dans les détails[21]. Il suffit d'indiquer qu'il s'agit d'un style à la fois argumentatif, candide, non apodictique, et égalitaire : Saint Paul, nous dit Spinoza dans une analyse par ailleurs tout à fait contestable, s'adresse à ses correspondants avec sincérité en les traitant comme des égaux; il les aborde en laissant de la place pour une certaine perplexité et incertitude; il s'adresse à eux dans le but de les convaincre de la vérité des Évangiles au moyen des raisonnements tout en les laissant « juger par eux-mêmes de ce qu'il dit » (1 Cor 10 : 15). En l'opposant au style du commandement prophétique, et en s'inspirant d'une longue tradition humaniste et notamment érasmienne fondée sur les textes de Cicéron et de Plutarque sur l'amitié et la flatterie, sur le conseil sincère et insincère, Spinoza décrit surtout ce style épistolaire en termes de *fraternas monitiones*[22]. Or cette notion d'« avertissements fraternels » ne figure qu'à un seul autre endroit dans le *TTP*, à savoir *TTP* VII, dans un passage qui porte sur l'interprétation de l'Écriture sainte et l'enseignement de la religion :

> Absolument personne ne peut être contraint par la force ou par les lois à atteindre la béatitude : il faut pour cela des avertissements fraternels et pieux [*pia et fraterna monitio*], une bonne éducation et, plus que tout, un jugement libre et personnel. Puisque le droit souverain de penser librement, même sur la religion, appartient à chacun sans qu'on puisse concevoir que personne s'en dessaisisse, chacun disposera donc du droit souverain et de l'autorité suprême de juger librement de la religion, et par conséquent de l'expliquer et de l'interpréter pour soi.[23]

En juxtaposant ces textes tirés des chapitres VII et XI, il devient évident que l'importance de la notion d'avertissement fraternel va bien au-delà de la seule question du statut stylistique des épîtres des apôtres, mais qu'elle a des implications profondes pour la conception spinoziste de la liberté de philosopher et du droit de dire ce qu'on pense. En effet, par l'intermédiaire des idéaux humanistes avec lesquels un lecteur contemporain de Spinoza ne

19. 1 Cor 14 : 6 : « Si je ne vous parle par révélation ou par prophétie ou par doctrine [*nisi loquar vobis cum aut per revelationem aut per cognitionem aut per prophetiam aut per doctrinam*] » (trad. Tremellius, cité et trad. fr. dans *TTP*, p. 755, n. 3).
20. *TTP* XI-1 et 2, p. 410-13.
21. Voir M. Lærke, « *TTP* XI : les épîtres des apôtres », dans D. Collaccioani, B. Gramusset-Piquois et F. Toto (dir.), *Lectures du* Traité théologico-politique. *Philosophie, religion, pouvoir*, Paris, L'Harmattan, 2021, p. 163-174.
22. *TTP* XI-4, p. 416-417.
23. *TTP* VII-22, p. 320-323.

manquerait pas d'associer cette notion, le style épistolaire des apôtres constitue une sorte de paradigme ou de modèle pour déterminer la manière dont on s'y prend concrètement pour philosopher librement, c'est-à-dire, comment faire pour échanger avec d'autres tout en conservant à la fois sa propre liberté de jugement et celle de son interlocuteur : il ne faut ni commander ni utiliser la force ; il faut respecter les règles du raisonnement ; il faut parler avec candeur et sincérité ; il faut avancer ses arguments sur un mode non-apodictique ou falsifiable ; il faut présupposer l'égalité des interlocuteurs, etc. Ce sont ces règles qui constituent un ensemble de valeurs stylistiques ou rhétoriques et que représente la notion spinoziste d'« avertissement fraternel » – des règles et des valeurs proches de celles avancées par l'humanisme érasmien dans des textes bien connus sur le *decorum* conversationnel, sur les vrais et les faux amis, sur la flatterie et sur le conseil franc, sur le conseil politique et sur l'éducation des princes.

La corrélation entre la liberté de philosopher et l'analyse spinoziste des épîtres des apôtres ne nous renseigne pas seulement sur la forme de cette liberté, à savoir sur le mode de parler ou style discursif qu'elle représente, mais aussi sur l'autorité particulière avec laquelle elle s'exerce. Dans les épîtres, nous dit Spinoza, les apôtres s'expriment non pas comme des prophètes mais comme des « simples particuliers ou des docteurs [*privati, vel doctores*] »[24]. Or, l'enseignement privé est associé à une forme d'autorité que Spinoza distingue de l'autorité prophétique associée à la prédication publique des apôtres. Quand les apôtres parlent en public, leur parole provient en effet de l'autorité du commandement divin[25]. Parfois contre la volonté des autorités publiques mêmes, les apôtres s'autorisent alors à prêcher l'évangile aux peuples en vertu de la mission que leur avait confié Jésus Christ : « de quel droit les disciples du Christ, c'est-à-dire des particuliers [*privati*], pouvaient-ils prêcher la religion ? – je réponds : du droit que leur conférait le pouvoir qu'ils avaient reçu du Christ contre les Esprits impurs »[26]. Les apôtres prêchaient en public ni par autorité privée, ni par autorité publique, mais par autorité prophétique. L'analyse de Spinoza s'aligne sur ce point en partie sur une conception traditionnelle de l'autorité apostolique : selon cette conception, l'autorité prophétique des apôtres est basée sur l'idée que les apôtres sont en quelque sorte les « propriétaires » de la doctrine chrétienne. Selon un usage classique, *auctoritas* est un terme légal qui fait référence à la propriété, la responsabilité ou la paternité. Cette conception légale fut réappropriée par la tradition chrétienne pour signifier que les apôtres avaient acquis une autorité religieuse quand, appelés par Jésus Christ à témoigner de la foi chrétienne, ils assumèrent la responsabilité de sa transmission authentique : les apôtres s'autorisaient de prêcher l'Évangile parce que le Christ lui-même leur en avait attribué la propriété[27]. Ultérieurement, dans l'histoire de la chrétienté et

24. *TTP* XI-1, p. 410-411.
25. *TTP* XI-7, p. 420-423.
26. *TTP* XIX-13, p. 616-617.
27. Voir K. Pollmann, « Christianity and Authority in Late Antiquity : The Transformation of the Concept of *Auctoritas* », *in* C. Harrison, C. Humfress et I. Sandwell (eds.), *Being Christian in Late Antiquity. A Festschrift for Gillian Clark*, Oxford, Oxford University Press, 2014, p. 161-164.

dans l'église catholique, la succession apostolique garantissait la transmission continue de cette autorité spirituelle aux évêques et au Pape. Spinoza, bien entendu, comme tous les chrétiens protestants qui l'entouraient, rejette entièrement cette notion d'une autorité prophétique en héritage; il estime même que les arguments des Catholiques Romains « sont trop frivoles pour mériter une réfutation »[28]. En effet, il insiste sur le fait que « l'autorité donnée par le Christ à ses disciples leur a été donnée à eux personnellement, et que nul ne peut s'autoriser de cet exemple »[29].

L'autorité prophétique des apôtres n'a donc pas été transférée aux prédicateurs ultérieurs de la religion chrétienne, même pas aux « premiers qui enseignèrent la religion chrétienne »[30]. Toutefois, les apôtres « avaient reçu non seulement la puissance de prophétiser, mais encore l'autorité d'enseigner »[31]; ils « n'avaient pas reçu seulement la puissance de prêcher la vie du Christ en tant que prophètes, en la confirmant par des signes, mais encore l'autorité d'enseigner et de conseiller par la méthode que chacun des apôtres avait jugé la meilleure pour les confirmer dans la religion »[32]. Et la question est alors celle-ci : quels sont la source et le statut de cette deuxième autorité que Spinoza accorde aux apôtres, à savoir, l'autorité d'enseigner et de conseiller? Spinoza s'explique par l'exemple de Saint Paul qui, selon lui, s'accordait à lui-même une « autorité de conseiller qui et quand il veut » avec une « liberté de conseiller dont il disposait comme docteur, et non pas comme prophète »[33]. Cette pratique de « conseil » correspond exactement à ce que Paul désigne aussi comme la prédication *ex cognitione* dont il se sert dans les épîtres. Paul ne prêchait donc pas seulement en tant que prophète et au nom de Jésus Christ, mais dispensait en outre un enseignement en son nom propre, par une autorité qui n'avait rien à voir avec l'autorisation donnée par le Christ : *il s'autorisait lui-même* d'enseigner l'Évangile *ex cognitione* selon sa propre interprétation et à qui il voudrait. Et c'est en ce sens que les épîtres des apôtres sont qualifiées d'enseignements « privés » : ils contiennent la partie de la mission apostolique que les apôtres s'autorisaient eux-mêmes à dispenser, par opposition à la partie de cette mission qui fut autorisée par le Christ et dont relève leur prédication publique.

Or contrairement à l'autorité prophétique, Spinoza ne dit jamais que l'autorité privée des apôtres leur appartient particulièrement; il ne nie pas qu'elle appartienne aussi aux enseignants ultérieurs de la doctrine chrétienne. Bien au contraire, il insiste sur le fait que « les premiers qui enseignèrent la religion chrétienne » le faisaient aussi à titre de « simples particuliers », et qu'eux aussi s'autorisaient eux-mêmes à le faire[34]. Quand il est question d'enseigner l'Évangile *ex cognitione*, Spinoza ne fait donc aucune différence entre l'autorité privée des apôtres et l'autorité privée des enseignants de l'Église primitive. On aurait toutefois tort d'y voir un privilège apostolique

28. *TTP* XIX-14, p. 618-19.
29. *TTP* XIX-13, p. 618-19.
30. *TTP* XIX-20, p. 624-625.
31. *TTP* XI-6, p. 420-421.
32. *TTP* XI-7, p. 422-423.
33. *TTP* XI-7, p. 422-425.
34. *TTP* XIX-20, p. 624-625.

étendu aux premiers Chrétiens, ou de penser que Spinoza ici se rapproche de la vénération de l'Église primitive caractéristique de la tradition réformée. Bien au contraire, il cherche à montrer que, quand ils enseignaient l'Évangile en tant qu'hommes privés, les apôtres aussi bien que les premiers chrétiens ne faisaient que réclamer une autorité commune qui en réalité appartient *à tout le monde*, et qui ne concerne pas seulement l'enseignement de la doctrine chrétienne, mais *n'importe quel être humain*. Autrement dit, en montrant cette autorité commune aux apôtres et aux premiers enseignants chrétiens, liée à la liberté de dispenser un enseignement de la religion qui relève de l'initiative privée, Spinoza ne se prononce pas sur un point de théologie concernant la nature de l'autorité religieuse dans la tradition Chrétienne ; il se prononce sur un point de philosophie qui concerne la nature commune de l'homme.

Selon Spinoza, ce qu'il appelle la « liberté de juger » (*libertas judicandi*) n'est pas un pouvoir que l'on peut supprimer, ou pas directement en tout cas. Personne n'est capable d'« empêcher que les hommes ne jugent de toutes choses selon leur propre complexion » [35]. Certes, il y a de nombreuses façons de manipuler *indirectement* notre jugement, ou de faire en sorte que les jugements que nous exprimons ne sont les nôtres que nominalement. C'est exactement en cela que consistent les « préjugés » : quand il en parle, Spinoza utilise constamment le verbe *praeoccupare*, comme si l'homme sous l'emprise des préjugés avait l'esprit « occupé d'avance » par les opinions d'un autre [36] ; tout se passe comme si un esprit étranger s'était installé dans son jugement pour s'en servir à ses propres fins – toute cette économie des préjugés, les jeux de possession et de dépossession des esprits par la manipulation politique est un grand thème spinoziste que je ne vais pas pouvoir élaborer ici en détail [37]. Ce qui m'intéresse est le fait qu'un jugement, qu'il soit véritablement ou seulement nominalement le nôtre, sera toujours accompagné par son expression extérieure car, Spinoza le déclare, « même les plus habiles, en effet, pour ne rien dire de la plèbe, ne savent se taire. C'est un vice commun aux hommes que de confier leur avis à autrui, même quand le secret serait nécessaire » [38]. Il n'y a pas de jugement que nous faisons, bon ou mauvais, libre ou pas, que nous n'exprimons pas. Spinoza dispose même d'une preuve métaphysique de ce point, fondée sur ses conceptions les plus fondamentales de la relation entre l'esprit et le corps, mais elle ne se trouve pas dans le *TTP* où il se contente de faire appel à l'expérience. Il faut se tourner vers l'*Éthique*, plus précisément vers le scolie de la proposition 2 dans la troisième partie, dans un contexte où Spinoza explique que l'esprit et le corps ne peuvent pas se déterminer mutuellement parce qu'ils relèvent d'attributs distincts. Dans ce contexte, il

35. *TTP* XX-3, p. 634-635.

36. Voir par exemple *TTP* Préface § 7, p. 62-63 : « il est tout à fait contraire à la liberté commune que chacun soit subjugué par des préjugés [*praecidiciis occupare*] » *TTP* VI-17, p. 264-265 : « à moins de se méfier de leurs opinions préconçues [*praeconceptibus opinionibus*], [les hommes] sont si prévenus [*praeoccupantur*] de leurs préjugés qu'ils perçoivent tout autre chose » ; *TTP* VII-15, p. 306-307 : « si nous sommes bien informés, nous déterminons nos pensées de façon à éviter d'être prévenus par des préjugés [*nullo praejudicio praeoccupemur*] » ; *TTP* XX-10, p. 642-643 : « [les sciences et les arts] ne peuvent être pratiqués avec succès que par ceux dont le jugement et libre et sans prévention [*que judicium liberum et minime praeoccupantem habent*] ».

37. Pour une analyse, voir M. Lærke, *Spinoza and the Freedom of Philosophizing*, Oxford, Oxford University Press, 2021, p. 96-101.

38. *TTP* XX-4, p. 636-637.

répond à un adversaire fictif qui propose, à titre de contre-exemple, « qu'il est au seul pouvoir de l'âme de parler comme de se taire »[39]. Spinoza juge l'exemple contraire à l'expérience : « les affaires humaines se porteraient assurément beaucoup mieux s'il était également au pouvoir de l'homme de se taire et de parler. Mais l'expérience enseigne assez et plus qu'assez que rien n'est moins au pouvoir des hommes que leur langue »[40]. En réalité, ce n'est pas simplement une question d'expérience : aucune exception à cette règle n'est même concevable, car l'aptitude à juger est nécessairement, métaphysiquement, corrélée avec une aptitude à exprimer des jugements[41]. C'est la raison pour laquelle, « puisqu'il est donc établi que la nature humaine est ainsi constituée, [...] les lois qu'on institue sur les opinions [...] sont totalement inutiles »[42]. Cela n'a que peu de sens de bannir par la loi ce que les gens ne peuvent pas s'abstenir de faire, et ce qui reste au pouvoir des gens reste aussi leur droit. Or, il est toujours dans le pouvoir des hommes de dire ce qu'ils pensent et il est donc aussi dans leur droit de le faire : de par leur nature même, ils peuvent s'y autoriser; et chercher à les priver de ce droit, de cette autorité de dire ce qu'ils pensent, par la violence ou autrement, cela revient à les priver de leur humanité même, car il est de la nature des hommes d'exprimer leur jugement. Et c'est cette autorité naturelle inaliénable dont les apôtres comme aussi les premiers Chrétiens se réclamaient en enseignant l'Évangile à titre d'« hommes privés ».

Revenons pour conclure à la différence qui existe, chez Spinoza, entre la liberté de philosopher et la permission de dire ce qu'on pense. Les deux sont liées, mais elles ne sont pas identiques. La liberté de philosopher est un style de discours ou un mode de parler dont nous trouvons le modèle dans le chapitre XI, dans la description du style épistolaire des apôtres : nous *philosophons* quand nous engageons nos interlocuteurs *ex cognitione*, c'est-à-dire en leur proposant des arguments et des raisonnements. C'est une activité que nous pratiquons avec une autorité qui relève d'un droit naturel privé d'enseigner et de conseiller appartenant à chacun d'entre nous en vertu de notre humanité : il est de l'essence de l'homme de prononcer ses jugements aux autres. Nous ne pouvons pas en être dépossédé par la loi mais uniquement par la violence. Nous exerçons ce droit de philosopher *librement* quand nous engageons nos interlocuteurs en respectant les règles de l'avertissement fraternel, c'est-à-dire en ne donnant que des conseils sincères et en laissant à chacun le droit de juger pour soi-même ce qu'il en pense. Nous nous en servons contre notre propre liberté ou contre celle des autres quand nous n'exprimons que des préjugés, c'est-à-dire quand nous exprimons des jugements qui ne sont pas vraiment les nôtres mais ceux d'un autre, ou

39. *E* III 2 sc., p. 248-249.
40. *Ibid.*
41. Sur ces passages, voir aussi P.-F. Moreau, *Spinoza. L'expérience et l'éternité*, Paris, P.U.F., 1994, p. 370-375; H. Sharp, *Spinoza and the Politics of Renaturalization*, Chicago, Chicago University Press, 2011, p. 46-47 et 52; D. Garber, « Should Spinoza have Published his Philosophy ? », *in* C. Huenemann (ed.), *Interpreting Spinoza*, Cambridge, Cambridge University Press, 2008, p. 166-167; C. Jaquet, *Spinoza à l'œuvre. Composition des corps et force des idées*, Paris, Publications de la Sorbonne, 2017, p. 122-123.
42. *TTP* XX-11 et 12, p. 644-645.

quand nous utilisons la tromperie, c'est-à-dire quand nous exprimons des jugements qui ne reflètent pas vraiment ce que nous avons à l'esprit.

La permission de dire ce qu'on pense dont Spinoza parle dans le chapitre XX du *TTP*, en revanche, est un droit civil qui appartient à chacun en vertu de la volonté du pouvoir souverain; c'est un droit de philosopher, librement ou non, que l'autorité publique ne peut supprimer par la loi mais uniquement par la violence car aucune loi ne peut interdire aux gens de faire ce qu'il est dans leur nature même de faire : à savoir, exprimer leur jugement. En revanche, s'il est en effet « impossible de retirer aux hommes la liberté de dire ce qu'ils pensent »[43], cette affirmation n'est pas à comprendre en un sens absolu mais en un sens doublement relatif. D'abord, il s'agit de dire qu'il est impossible de supprimer *directement par la loi* la liberté de jugement et son expression; en revanche, de façon *indirecte*, c'est-à-dire par la manipulation des esprits, il reste que « le jugement d'un homme peut être subjugué [*praeoccupari*] de bien de façons, et à un point presque incroyable »[44]. Ensuite, il s'agit de dire qu'on ne peut retirer aux sujets *en tant qu'hommes* la liberté de dire ce qu'ils pensent, c'est-à-dire, on ne peut leur retirer ce droit sauf en leur privant de leur humanité même, car il est de la nature de *l'homme* de ne pas savoir tenir sa langue. Une société qui supprime la liberté de jugement en s'en prenant violemment à ceux qui s'expriment n'est pas une société humaine mais une société qui « transform[e] les hommes d'êtres rationnels en bêtes ou en automates »[45]. Mais une telle société est loin d'être impossible !

La difficulté réside dans la manière dont les deux – la liberté de philosopher et la permission de dire ce qu'on pense – se rapportent dans une république libre. Il ne faut notamment pas réduire la première à la seconde, car accorder une permission de s'exprimer aux citoyens ne garantit aucunement qu'ils vont s'en servir pour s'exprimer librement : nous offrir la possibilité d'exercer notre liberté ne veut pas dire que nous en profitons, ou même que nous ne nous servons pas de cette possibilité dans un but contraire à la liberté, en ne débitant que nos préjugés ou en cherchant à manipuler les autres par la tromperie et la flatterie. C'est pour cette raison même que, dire aujourd'hui que Spinoza défend « la liberté d'expression » implique un contresens car ce que nous entendons par liberté d'expression est pour lui une permission de dire ce qu'on pense qui n'implique pas en soi de la liberté : avoir la permission de s'exprimer n'implique pas que nous nous en servons pour exprimer notre liberté. Donc, quand Spinoza affirme que « dans une libre république, il est permis à chacun de penser ce qu'il veut et de dire ce qu'il pense »[46], il ne faut pas renverser les termes de cette proposition : il ne suggère pas que d'accorder aux citoyens la permission de dire ce qu'ils pensent rend libre leur philosopher; il soutient que, si les citoyens philosophent librement, il est utile pour le pouvoir souverain de leur accorder la permission de s'y adonner car il va en profiter pour mieux gouverner. Mais l'exercice même

43. *TTP* XX-16, p. 650-651.
44. *TTP* XX-2, p. 632-633; voir aussi *TTP* XVII-2, p. 538-539 : « les âmes sont... de quelque façon sous l'empire du Souverain qui, par de multiples moyens, peut faire que la majeure partie des hommes croie, aime, haïsse, etc., ce qu'il veut ».
45. *TTP* XX-6, p. 636-637.
46. *TTP* XX, p. 632-633.

de cette liberté ne dépend pas du pouvoir souverain ; il dépend de chacun d'entre ces citoyens et de la manière dont ils se comportent, comment et dans quel but ils s'adressent à la fois à leurs concitoyens et à l'autorité publique ; la liberté de philosopher dépend très exactement du « style » ou du « mode de parler » qui domine dans la sphère publique. Philosopher *librement* exige en effet que nous exercions notre autorité d'enseigner et de conseiller de façon à promouvoir « la libre raison, sans rivaliser de haine, de colère et de ruse et sans s'affronter avec malveillance »[47]. Or, si l'on a affaire à un peuple qui n'est pas encore ou qui n'est plus libre, à des citoyens qui n'ont pas encore pris ou qui ne prennent plus possession de leur propre jugement ou qui ne l'accordent pas ou plus aux autres, donner à tous la permission de dire ce qu'ils pensent ne garantit pas que la liberté progresse ; cela ne peut se faire que s'ils se servent de cette permission pour parler selon les règles du philosopher qui sont celles de l'avertissement fraternel.

Toute l'intention de Spinoza se perd donc si l'on pense que la liberté de philosopher est donnée par l'absence de règles, car c'est exactement le contraire : le champ discursif qui s'ouvre avec une permission légale de dire ce qu'on pense n'est libre qu'à condition qu'il soit animé de l'intérieur par le respect de chacun pour les règles de l'avertissement fraternel. Le libre philosopher relève d'un champ discursif collectif gouverné par de nombreuses règles de raisonnement, de sincérité, d'égalité, de non-commandement, et de falsifiabilité. Et sans cela, une permission de parler ne nous sert à rien et elle peut même nous faire du mal, car du coup elle ne sert qu'à donner licence à des formes de discours contraires aux règles de la libre parole : les préjugés, la tromperie, la flatterie, etc. Et c'est pourquoi, pour revenir au passage cité au début de cet article, dans une république libre, « chacun [...] peut penser et juger sans la moindre restriction – et par conséquent aussi parler, pourvu qu'il se contente simplement de parler et d'enseigner, et qu'il défende ses thèses par la seule raison, et non pas par la ruse, la colère et la haine, ou avec l'intention d'introduire quelque nouveauté dans la république par l'autorité de son décret »[48]. L'importance de ce passage réside non pas dans ce qu'il affirme, à savoir le droit de dire ce qu'on pense, mais dans l'ensemble des conditions qui s'y attachent pour que ce droit soit considéré comme bénéfique pour la liberté. Cette longue liste de conditions explique en effet pourquoi, après avoir recommandé au pouvoir souverain d'accorder aux sujets la « liberté de dire et d'enseigner ce qu'[ils pensent] », il ajoute aussitôt qu'il serait tout de même « fort nuisible de la leur accorder totalement »[49].

Mogens Lærke
Directeur de recherche au CNRS
IHRIM-UMR 5317-ENS de Lyon
Maison française d'Oxford MFO USR 3129

47. *TTP* XX-6, p. 636-637.
48. *TTP* XX-7, p. 638-639.
49. *TTP* XX-5, p. 636-637.

Actualité de Spinoza

SPINOZA ET LA PUISSANCE DE LA LIBERTÉ DE PENSER

Blanca Missé

Cet article propose une voie d'issue pour sortir de l'antinomie dans laquelle se trouvent souvent les défenseurs de la liberté académique, celle du libéralisme ou du « républicanisme » d'État, et donc de la penser autrement que comme un cas particulier de la liberté d'expression tout en évitant d'en faire le privilège d'un corps social (les universitaires) dont le peuple serait exclu. La philosophie de Spinoza nous permet de redéfinir la liberté académique comme une modalité de la liberté de penser, et plus précisément de la liberté de philosopher, et nous offre un cadre utile pour comprendre le rôle des universités publiques dans le développement de la puissance de penser des masses citoyennes et leur centralité dans la conservation d'un État démocratique.

L'université française, tout comme l'université américaine, se débat aujourd'hui avec le problème de la liberté académique, c'est-à-dire la liberté d'enseignement et de recherche dans les universités [1]. Que ce soit la prise de parole publique des enseignants-chercheurs sur les réseaux sociaux ou les prises de parole à l'université, dans les deux cas la parole universitaire se trouve coincée dans un dilemme impossible. Ou bien elle s'inscrit dans le cadre libéral du marché des idées, de l'équivalence des discours, du tout se vaut, c'est-à-dire dans la conception négative de la liberté théorisée par la doctrine libérale classique ; ou bien elle invoque un cadre normatif dit « républicain » qui justifie un contrôle des discours tenus à l'université et des contenus de recherche et d'enseignement par des autorités

1. Face à la poussée néolibérale et managériale dans l'université qui vise à dissoudre les spécificités du rapport de savoir et d'enseignement, le collectif RogueESF définit ainsi la liberté académique : « En tant que liberté positive, la liberté académique impose une responsabilité sociale, un souci de l'intérêt général et une réflexion éthique propre à la pratique savante elle-même. En tant que liberté collective, elle demande de faire de l'Université un lieu de dispute collégiale affranchie des pressions extérieures et intransigeante sur son éthique et sa méthode. » (https://rogueesr.fr/liberte-academique/).

externes. Ce débat se double d'un autre, celui de savoir si la liberté académique et la liberté d'expression sont de même nature, s'il y a entre elles une différence de nature ou de degré. Il est aisé d'apercevoir d'emblée les problèmes posés par le cadre néolibéral qui vise à dissoudre la liberté académique dans la liberté d'expression. Si on pense la liberté de recherche et d'enseignement comme une liberté de même nature que celle accordée à tous les citoyens, c'est-à-dire comme une acception de la liberté d'expression, on risque de dissoudre la science dans l'opinion. On peut comprendre alors le tollé général des universitaires contre cette pression croissante du marché sur l'université, à laquelle s'ajoute la transformation de plus en plus rapide de l'étudiant en client, de la recherche en source de profit, et des enseignants-chercheurs en simples prestataires de services. Et pourtant, les invocations d'une liberté académique positive et normée, en adéquation avec le « projet républicain » ne cessent pas elles aussi de faire réagir nos collègues qui s'insurgent contre le découragement ou le non-financement des études de genre, des recherches postcoloniales ou de la *Critical Race Theory* récemment regroupées dans ces nébuleuses repoussoirs que sont le « wokisme » ou l'« islamogauchisme ».

Un des tenants fondamentaux de la liberté académique telle qu'elle fût théorisée dans les universités allemandes au début du XIXe siècle et ensuite aux États-Unis au début du XXe par l'AAUP (American Association of University Professors) considère que c'est aux universitaires (*scholars*), et à eux seuls, que revient le droit de remettre en question les propos émis par leurs pairs, voire de les sanctionner[2]. La liberté académique ainsi comprise met en place un espace différencié, l'espace du savoir, qui opérerait au milieu de l'espace public mais avec des règles et un fonctionnement propres. L'université idéale existerait donc comme un État dans l'État, en dehors de tout contrôle du gouvernement et des pouvoirs économiques, mais aussi en dehors de toute participation démocratique du peuple, et tout droit de regard du souverain (voire d'un gouvernement démocratiquement élu). Cet idéal d'un monde universitaire autonome et autogouverné qu'était celui des académies scientifiques au XVIIe siècle en Angleterre ou d'une « République des Lettres » aux XVIIe et XVIIIe siècles, et qui fut porté par le courant libertin et républicain en France et aux Pays Bas, n'est pourtant pas toujours le signe d'une adhésion à un projet démocratique[3]. Défendre la liberté académique sans prendre en compte dès le début son articulation explicite au projet démocratique, c'est risquer de mobiliser, de façon consciente ou non, les relents d'une conception élitiste, corporatiste et antipopulaire de l'université, et de défendre celle-ci comme le privilège exclusif d'un « corps universitaire » de type Ancien Régime. En l'absence d'un discours qui réaffirme le rôle de l'université publique dans une démocratie, et donc l'importance de défendre et d'amplifier les libertés

2. Voir W. P. Metzger, « The German Contribution to the American Theory of Academic Freedom », *Bulletin of the AAUP* 41.2, Summer 1955 ; H. Reichmann, *The Future of Academic Freedom*, Baltimore, Johns Hopkins University, 2019 ; J. W. Scott, *Knowledge, Power and Academic Freedom*, New York, Columbia University Press, 2019 ; O. Beaud, *Le savoir en danger, menaces sur la liberté académique*, Paris, P.U.F., 2021.

3. Voir D. Goodman, *The Republic of Letters : A Cultural History of the French Enlightenment*, Ithaca, Cornell University Press, 1994 ; A. Lilti, *Le Monde des salons : sociabilité et mondanité à Paris au XVIIIe siècle*, Paris, Fayard, 2005 ; P. Casanova, *La République Mondiale des Lettres*, Paris, Seuil, 2008 ; M. Jacob, *The Cultural Meaning of the scientific Revolution*, New York, Knopf, 1988.

académiques pour un meilleur vivre ensemble, on risque de voir s'engager une spirale nocive : plus l'université se trouve assiégée « de l'extérieur », plus les universitaires réagissent pour défendre leurs libertés académiques et donc l'autonomie de leur territoire institutionnel, et plus s'accentuent les populismes anti-intellectuels qui prennent pour cible les « privilèges » d'une élite intellectuelle, et qui nourrissent aussi bien le mépris des universitaires « coupés de la société » que celui du savoir « tendancieux » et « inutile » qu'ils produisent. Il nous faut sortir de ce cercle vicieux qui mène à opposer les règles du jeu démocratique à celles de la production scientifique, et le rapport scientifique au savoir au rapport politique d'émancipation. Sortir de cette antinomie du libéralisme ou du « républicanisme » d'État suppose de penser la liberté académique autrement que comme un cas particulier de la liberté d'expression tout en évitant d'en faire le privilège d'un corps social (les universitaires) dont le peuple serait exclu. C'est dans ce cadre que nous proposons d'aborder la philosophie de Spinoza pour penser la liberté académique comme une modalité de la liberté de penser, et plus précisément de la liberté de philosopher, et sa centralité dans la conservation d'un État démocratique.

Limites et puissance de la liberté de juger

Dans le *Traité Théologico-Politique* (*TTP*), Spinoza affirme que le propre de l'espèce humaine est de penser et d'exprimer ses pensées[4]. Si Spinoza défend la liberté de penser comme un « droit naturel »[5], c'est parce qu'il s'agit de prendre en compte une réalité anthropologique pour assurer un état de paix, de liberté et de sûreté collective :

> [...] pour que soit admirée la loyauté, et non la flatterie, et pour que le Souverain conserve au mieux la maîtrise de l'État et ne soit pas obligé de céder aux séditieux, il est nécessaire de reconnaître la liberté du jugement, et les hommes doivent être gouvernés de telle sorte qu'ils puissent vivre dans la concorde, quelles que soient la divergence et l'opposition des opinions qu'ils expriment[6].

Ce type d'État que Spinoza qualifie d'« État démocratique » ou « État libre », est celui qui « paraissait le plus naturel et [...] le plus proche de la liberté que la Nature accorde à chacun »[7]. Il est défini par une règle simple : « tous [...] conviennent d'agir, mais non pas de juger et de raisonner, selon le décret commun »[8]. Ce qui distingue cet État démocratique des autres types d'État n'est pas l'injonction d'obéissance à la loi mais, comme le dit le titre du chapitre XX, ce que nous concevons aujourd'hui comme la liberté

4. « Les hommes jugent de toutes choses selon leur propre complexion », Spinoza, *Traité Théologico-politique* [désormais *TTP*], F. Akkerman (éd.), trad. fr. J. Lagrée et P.-F. Moreau, dans *Œuvres*, III, Paris, P.U.F., 1999.

5. J'emploie cette expression de « droit naturel » avec des guillemets car Spinoza réfute l'idée d'un droit naturel dans le sens où la Nature ou Dieu fonctionneraient comme une source normative transcendante (établie a priori) pour fonder le droit positif. Voir É. Balibar, « Droit et puissance », dans *Spinoza et la politique*, Paris, P.U.F., 2015, p. 72-78.

6. *TTP* XX-14.

7. *TTP* XVI-11.

8. *TTP* XX-14.

d'expression : « dans une libre république, il est permis à chacun de penser ce qu'il veut et de dire ce qu'il pense ». Il est important de souligner que si Spinoza exclut les femmes et les serviteurs du projet démocratique, ce n'est pas parce que ceux-ci sont incapables de penser librement, mais parce qu'il estime qu'ils sont soumis à une autre autorité qui conditionne leur capacité de penser[9]. Pour Spinoza, il n'y a pas de coupure absolue entre l'état de nature et l'état civil, donc entre le « droit naturel » et le droit positif, mais plutôt une continuité, ou, comme le théorise André Tosel, une « circulation » permanente entre les deux[10]. Tout citoyen garde son « droit naturel » de penser et de juger et il peut, dans un État démocratique, s'exprimer librement, ce qui n'est pas forcément le cas dans d'autres régimes politiques[11]. Non seulement il y a une continuité entre l'état de nature et l'état civil, mais il y a aussi une certaine progressivité ou possibilité de progression à l'intérieur de chacun. Un État peut être plus ou moins démocratique, une monarchie peut être plus ou moins tyrannique, et la mesure de cela est précisément le degré de liberté d'expression ou de liberté de juger exercée par ses sujets ou citoyens : « moins on accorde aux hommes de liberté de juger, plus l'on s'éloigne de l'état le plus naturel, et plus l'on règne donc violemment »[12]. Spinoza défend donc la liberté d'expression parce que les hommes pensent et parlent nécessairement. Cependant, la nature humaine présente aussi une complexion variée. Il y a autant d'opinions que de têtes, avec lesquelles il faut apprendre à composer. La multitude est vouée à produire systématiquement des opinions diverses, celles-ci étant le plus souvent le produit de l'imagination, relative à la complexion de chaque individu, ou par ce que Spinoza nomme l'*ingenium*[13].Se pose donc une difficulté apparente dans la philosophie de Spinoza : si les opinions sont vouées à être nécessairement divergentes, tant elles sont inséparables des passions, elles semblent devoir mener à des désaccords récurrents et possiblement à des conflits; comment peut-on affirmer que l'État démocratique est le plus stable de tous? Si la garantie de la liberté d'expression est l'élément différenciateur de l'État démocratique, cet État doit-il pour autant exclure la possibilité de limiter celle-ci? Spinoza établit bien des limites à cette liberté, mais la régulation de l'expression des opinions doit se faire non pas en fonction de leur *contenu* (on ne peut pas demander au discours d'opinion d'être déjà un discours de savoir, un discours « vrai », pour pouvoir s'exprimer dans la sphère publique), mais en fonction de la *modalité* selon laquelle ces opinions fournissent leurs preuves (que ce

9. Sur ce sujet, voir A. Matheron, « Femmes et serviteurs dans la démocratie spinoziste », *Revue philosophique de la France et de l'étranger* 167, 1977, p. 181-200, publié dans A. Matheron, *Études sur Spinoza et les philosophies de l'âge classique*, Lyon, ENS Éditions, 2011 ; et W. Montag, *Bodies, Masses, Power. Spinoza and his contemporaries*, London, Verso Books, 1999, p. 81-89.

10. A. Tosel, *Du matérialisme de Spinoza*, Paris, Kimé, 1994, p. 117-118.

11. « Donc chacun a abandonné seulement le droit d'agir selon son propre décret, mais non le droit de raisonner et de juger », *TTP* XX-7.

12. *TTP* XX-14. Dans le *Traité Politique*, Spinoza affirme que, « de ce qui a été dit à l'article précédent, il ressort que l'on peut concevoir différents genres d'État démocratique ». Spinoza, *Tractatus politicus/Traité Politique* [désormais *TP*], trad. fr. P.-F. Moreau, Paris, Répliques, 1979, XI-3. Il y a donc plusieurs « formes » ou « genres » possibles pour un État démocratique.

13. Terme que Sylvain Zac traduit par « le naturel de chacun. » Voir É. Balibar, *Spinoza et la politique*, *op. cit.*, p. 39.

soit par la raison ou en mobilisant les affects de haine et de colère). Il y a chez Spinoza toute la place dans l'espace public pour les opinions fausses au sens d'inexactes, approximatives, improbables ou hésitantes, du moment qu'elles s'orientent par un affect positif de recherche de la vérité et du bien-être individuel et commun, qu'elles ne soient pas « séditieuses », c'est-à-dire une menace pour la stabilité du pouvoir du souverain[14]. Poser la question des libertés immédiatement à partir de leurs « limites » (que ce soit pour la liberté de juger, de philosopher, ou celle d'agir), présuppose d'avance un cadre libéral et une conception négative de la liberté. Or, Spinoza ne conçoit pas la liberté de penser comme un droit de « non-entrave » à un droit naturel individuel, selon ce qu'on pourrait appeler un modèle hobbesien, puisqu'il distingue la liberté (*libertas*), au sens de la *capacité* de dire ce que l'on pense, de la permission (*licentia*), c'est-à-dire le fait d'avoir une *autorisation* politique ou juridique de le faire[15]. Défendre la liberté de penser comme une liberté positive, c'est l'affirmer comme une source de puissance (*potentia*) qu'il faut désentraver. C'est la considérer, à la suite d'André Tosel, comme « à la fois condition, et objectif » de l'État démocratique. Le but de ce dernier n'étant pas uniquement de « conserver » les « droits naturels », mais d'assurer leur plein épanouissement pour garantir la concorde sociale (puisque l'intérêt commun et la puissance de l'État se construisent dans et par l'exercice de la liberté de juger) et la réalisation d'une liberté d'ordre supérieur[16]. L'État, affirme Spinoza dans le *TTP*, est institué pour que « leur esprit et leur corps accomplissent en sécurité leurs fonctions, et qu'eux-mêmes utilisent la libre Raison, sans rivaliser de haine, de colère et de ruse, et sans s'affronter avec malveillance. La fin de la république est donc la liberté »[17]. Par liberté, nous le savons, Spinoza entend la capacité de s'autogouverner, et de se déterminer soi-même à agir : « Sera dite libre la chose qui existe par la seule nécessité de sa propre nature, et qui est déterminée par soi seule à agir »[18].Le but d'un État démocratique est donc de permettre à tous ses citoyens d'user « d'une raison libre », c'est-à-dire de faire un usage de leur raison libéré des passions tristes et passives comme la peur, la colère, la haine ou l'envie, et des préjugés qui font obstacle à la connaissance. La liberté de penser ou de raisonner est la condition pour apprendre à raisonner librement, c'est-à-dire à philosopher. Pour Spinoza, le *bien* juger ne suppose pas l'imposition contraignante de

14. *TTP* XX-7 : « [...] chacun au contraire peut penser et juger sans la moindre restriction – et par conséquent aussi parler, pourvu qu'il se contente simplement de parler et d'enseigner, et qu'il défende ses thèses par la seule Raison, et non pas par la ruse, la colère et la haine, ou avec l'intention d'introduire quelque nouveauté dans la république par l'autorité de son décret ». Ce qu'est une opinion séditieuse demeure une source de débat entre spinozistes. Il y a pourtant un consensus pour affirmer que l'opinion séditieuse se distingue par la haine ou la colère qu'elle exprime et suscite à la fois, c'est-à-dire par son recours à des passions menaçant le lien social qui soutient un pouvoir légitime. Voir à ce sujet *Obéissance et rébellion chez Spinoza, Revue Internationale de Philosophie* 295/1, 2021.

15. M. Lærke, *Spinoza and the Freedom of Philosophizing*, Oxford, Oxford University Press, 2021, p. 2.

16. A. Tosel, *Spinoza ou le crépuscule de la servitude* [désormais *Crépuscule*], Paris, Aubier, 1984 p. 42.

17. *TTP* XX-6. Aussi bien dans le *TTP* que dans le *TP* Spinoza affirme certes de façon catégorique que « la fin de la société civile [...] n'est rien d'autre que la paix et la sécurité de la vie » (*TP* V-2). Or, A. Tosel et d'autres commentateurs ont montré qu'« avec la démocratie il apparaît alors que la sécurité ne peut être la seule fin de l'État. L'ordre politique révèle sa fonction de médiation vers une vie de raison, sans violence, qu'est la liberté. » (*Crépuscule*, p. 289).

18. Spinoza, *Ethica* / *Éthique* [désormais *E*], F. Akkerman et P. Steenbakkers (éd.), trad. fr. P.-F. Moreau, dans *Œuvres*, IV, Paris, P.U.F., 2020, partie I, déf. 8.

règles extérieures à la pensée ou d'assurer le contrôle d'une faculté sur l'autre (de la raison sur l'imagination, par exemple). Il s'agit d'augmenter notre puissance d'agir par la pensée, et pour ce faire de mobiliser des passions actives (la joie), d'éloigner les passions tristes (le ressentiment, la jalousie, la haine, par exemple) et surtout d'arriver à doubler (voire à remplacer) la force passionnelle qui cause nos actions par une force rationnelle, comme l'explique la proposition 59 de la Partie IV de l'*Éthique* : « À toutes les actions auxquelles nous sommes déterminés par un affect qui est une passion, nous pouvons sans lui être déterminés par la Raison »[19]. Le but d'un État démocratique est de permettre à ses citoyens de délibérer et juger autant que possible selon leur raison, car « c'est dans la mesure où les hommes vivent sous la conduite de la Raison, dans cette mesure seulement ils s'accordent toujours nécessairement en nature »[20]. La question est de savoir comment organiser chez le plus grand nombre de citoyens cette transition entre l'usage en apparence libre de la raison (liberté d'opinion) et l'usage d'une raison libre (liberté de philosopher), c'est-à-dire d'un jugement raisonné libre de préjugés. C'est là que se pose la question de la nécessité d'institutions qui cultiveraient cet usage particulier de la liberté de penser, à commencer par les universités.

Le rapport entre liberté de juger et liberté académique chez Spinoza

C'est dans ce cadre, qui présuppose un État démocratique comme horizon, que Spinoza pense de façon implicite la différence et le rapport entre le discours d'opinion et le discours de savoir, et donc indirectement entre la liberté d'expression et la liberté de philosopher[21]. Le *TTP* revendique simultanément ces deux types de liberté que les critiques ne distinguent pas toujours : la liberté de chacun de « penser ce qu'il veut et de dire ce qu'il pense », c'est-à-dire la liberté universelle d'opinion et de jugement, et la liberté de philosopher sans entraves ni de l'État ni des institutions religieuses – d'où le minutieux travail de séparation dans le *TTP* entre le domaine de la philosophie naturelle et celui de la religion. Pour qualifier le premier type de liberté, la liberté de juger, Spinoza emploie le verbe *sentire* puisque l'on juge comme l'on sent, d'après sa propre complexion corporelle et perception des choses. En revanche, pour définir la liberté de philosopher, Spinoza emploie les deux termes de *cogitare* et de *cognoscere* qui, comme le rappelle Pierre Macherey, « renvoient à des opérations mentales tendues vers des objectifs précis et exposées à la norme de l'idée vraie »[22]. Pour penser les modalités d'expression de la liberté de philosopher, Spinoza emploie toujours le couple *dicere et docere*, c'est-à-dire dire et enseigner – ce qui implique des philosophes qui soient chercheurs *ou* enseignants, voire idéalement l'un *et* l'autre puisque les deux vont de pair[23].

19. *E* IV 59.
20. *E* IV 35.
21. La liberté académique n'est qu'une acception ou déclinaison historique et institutionnelle de la liberté de philosopher.
22. P. Macherey, « Comment, selon Spinoza, devient-on philosophe ? », 2016 : https://philolarge.hypotheses.org/1802.
23. *TTP* XX-5 : « la liberté de dire et d'enseigner ce qu'il pense » ; même formule *TTP* XX-7. Voir M. Lærke, « Circles and Spheres of Free Philosophizing », in *Spinoza and the Freedom of Philosophizing*, *op. cit.*, p. 18-32.

Ces deux libertés, celle de juger et celle de *bien* juger (ou de philosopher) sont pour Spinoza le résultat d'un même mouvement d'affirmation. Entre elles il n'y a pas une différence de nature mais du mode d'actualisation de la faculté de penser. Ce mouvement est comme l'affirme Tosel celui de la libre expansion de « la liberté de pensée comme libre opinion publique et comme libre recherche scientifique et philosophique »[24]. La question d'interprétation que pose le *TTP* est de savoir si la liberté de philosopher est réservée seulement à « ceux dont le jugement est libre et entièrement affranchi »[25]. Selon la thèse soutenue par Theo Verbeek[26]. la liberté de juger appartiendrait à tous les citoyens d'un État libre puisqu'il s'agit d'un « droit naturel », alors que la liberté de philosopher serait une affaire « technique » propre aux philosophes professionnels. Cette hypothèse réduit la liberté de philosopher à la liberté académique et l'identifie à un corps social restreint, celui des « académiciens » ou universitaires, professionnels du savoir. Or Theo Verbeek lui-même affirme que si le *TTP* se consacre à affirmer ainsi la liberté académique des philosophes dans un contexte historique précis, ce texte ne peut pas pour autant être lu comme contenant « une théorie » sur la liberté de philosopher en général, mais plutôt comme une « illustration de cette théorie », et que l'on ne peut pas exclure l'hypothèse selon laquelle Spinoza aurait conçu la liberté de philosopher comme un « droit civil qui appartient à tous les citoyens adultes »[27]. C'est précisément dans ce dernier sens que la comprennent Mogens Lærke et d'autres critiques. Si la liberté de philosopher n'est exercée dans la pratique que par les « philosophes » (ceux qui se sont affranchis des préjugés, des passions tristes, et des croyances superstitieuses), ce partage entre les citoyens (la masse) et les philosophes (les citoyens éclairés) n'est pas fondé en nature, ni établi une fois pour toutes. Il ne peut donc en aucun cas fonder un « droit » ou un « privilège » particulier propre aux philosophes ou universitaires dont le reste des citoyens seraient exclus. En effet, le but même du *TTP* est de dégager les préjugés qui font obstacle à la liberté de philosopher pour que celle-ci se développe et enveloppe le plus grand nombre de citoyens : « Je sais en effet que ce sont surtout ces préjugés qui empêchent les hommes de pouvoir consacrer leur esprit à la philosophie. Donc je travaille à les mettre en évidence et à en préserver l'esprit des plus avertis »[28].

24. *Crépuscule*, p. 73-74.

25. *TTP* XX-10 : « pour ne rien dire du fait que cette liberté est fort nécessaire pour le développement des sciences et des arts; car ces derniers ne peuvent être pratiqués avec succès que par ceux dont le jugement est libre et sans prévention ».

26. Voir T. Veerbeek, « Spinoza et la liberté de philosopher », dans Q. Landenne et T. Storme (éd.), *L'actualité du* Tractatus *de Spinoza et la question théologico-politique*, Bruxelles, Éditions de l'Université de Bruxelles, 2014, p. 19-28.

27. T. Verbeek, « *Libertas philosophandi* », *in* W. van Bunge *et al.* (eds.), *The Continuum Companion of Spinoza*, London-New York, Continuum, 2011, p. 252. T. Verbeek s'appuie sur la lettre de Spinoza à Oldenburg de 1655.

28. Spinoza, lettre XXX, dans *Correspondance*, trad. fr. M. Rovere, Paris, GF-Flammarion, 2010.

La liberté de penser et les masses

Dans *Bodies, Masses, Power* (1999), Warren Montag reprend, après André Tosel, « la stratégie philosophico-rhétorique du *sive* »[29], qui caractérise Spinoza, pour la développer comme une « stratégie de traduction et déplacement » agissante dans d'autres lieux du corpus spinozien – le foyer le plus connu étant évidemment le *Deus sive Natura* de l'*Éthique*[30]. Grâce au *sive*, Spinoza évacue de fausses oppositions qui habitent la constellation conceptuelle de notre imaginaire mental, comme l'opposition entre Dieu et la Nature, entre l'esprit et le corps, ou entre la sécurité et la liberté. Il réarticule ensemble des oppositions conceptuelles qui se sont agencées dans notre esprit en empêchant la pensée de se développer. L'effet recherché par la philosophie spinozienne est donc de dégager de nouvelles voies pour composer autrement avec les idées et redécouvrir leurs connexions multiples – Spinoza dirait leurs connexions « nécessaires ». C'est dans cette logique que Warren Montag s'intéresse, après Alexandre Matheron, Étienne Balibar et Antonio Negri, au rapport entre l'État démocratique et les masses, doublon conceptuel qui dans sa lecture se transforme à l'aide de la stratégie du *sive* en démocratie *ou/et* masses. En effet, pour Spinoza, le régime démocratique n'est pas seulement le meilleur d'un point de vue spéculatif, il l'est surtout d'un point de vue pratique, puisque ce n'est qu'en composant avec les avis de la multitude et dans la liberté qu'un État peut se conserver durablement. Warren Montag a montré de façon convaincante les implications du changement de vocabulaire dans le *TP* où *vulgus*, terme aux connotations péjoratives, est remplacé par *multitudine*, masses ou multitude. Il s'agit bien d'une évolution par rapport à l'*Éthique*, et comme le signale Warren Montag, cela constitue une affirmation de pouvoir de juger et de penser de la multitude : « la puissance de penser du plus grand nombre étant nécessairement plus grande que celle d'un petit nombre, en conséquence la multitude sera plus à même de suivre le chemin de la raison que le petit nombre, aussi érudit et avisé ce dernier soit-il »[31]. Cette confiance dans la puissance de penser de la multitude se trouvait déjà dans le *TTP* quand Spinoza affirmait que « dans un État démocratique, des ordres absurdes ne sont guère à craindre. Car il est presque impossible que la majorité d'une grande assemblée se mette d'accord sur une seule et même absurdité »[32]. Dans le *TP* cependant, Spinoza est plus définitif quand il s'agit d'affirmer sa confiance dans le processus délibératif :

> [...] lorsqu'un petit nombre décide de tout en fonction de ses seules passions, c'est la liberté qui périt, et le bien commun. Car les dispositions intellectuelles des hommes sont trop faibles pour pouvoir tout pénétrer d'un coup. Mais elles s'aiguisent en délibérant, en écoutant et en discutant ; c'est en examinant toutes les solutions qu'on finit par trouver celles que l'on cherche, sur lesquelles se fait l'unanimité, et auxquelles nul n'avait songé auparavant[33].

29. Version latine de la conjonction « ou ».
30. W. Montag, *Bodies, Masses, Power*, *op. cit.*, p. 4.
31. W. Montag, *Bodies, Masses, Power*, *op. cit.*, p. 81 (je traduis).
32. *TTP* XVI-9.
33. *TP* IX-14.

Spinoza parle ici de l'efficacité du délibérer ensemble pour « aiguiser » son jugement au cours des échanges. Comment reproduire cette délibération efficace dans une plus grande assemblée, voire dans cette « assemblée qui se compose de la multitude tout entière » et qui caractérise la démocratie proposée par Spinoza[34] ? Comment faire en démocratie, ce régime où tous les citoyens (et non plus une partie ou une minorité) ont « le droit de suffrage » et « le droit d'accéder aux charges de l'État », pour que la délibération publique affirme un projet de concorde et d'émancipation collective[35] ? Nous savons que, dans la mesure où les individus délibèrent sous la conduite de la raison, ils « n'accomplissent que des actions qui sont bonnes pour la nature humaine, et par conséquent pour chaque homme »[36], mais comment précisément s'assurer que la multitude délibère le plus possible en suivant sa raison et non sous l'emprise des préjugés ou des passions ? Ce problème était déjà posé dans le *TTP*, lorsque Spinoza affirmait que « nul commandement n'oblige les hommes à connaître les attributs de Dieu et que cette connaissance est un don particulier fait à quelques fidèles seulement », et ajoutait : « qui ne voit en effet que tous les fidèles n'ont pas eu une connaissance égale de Dieu ? »[37]. Le *TTP* dressait donc un constat de fait qui visait à souligner la différence entre les types ou degrés de connaissance que peut atteindre la multitude, et que Spinoza avait exposés dans l'*Éthique*. Ce dernier ouvrage établissait aussi que la connaissance de Dieu ou de la Nature est déjà présente, en puissance et sous des formes différentes, dans tous les esprits : si tous les fidèles n'ont pas une « égale connaissance » de Dieu, ils en ont tous pourtant déjà une idée. Pour Spinoza, aucune partie de la multitude ne demeure jamais « extérieure à » ou complètement « privée » de cette connaissance, puisque l'humanité fait partie prenante de la Nature et que c'est le propre de l'espèce humaine de penser, donc de formuler des idées sur la Nature, et que ce faisant c'est la Nature qui s'exprime en elle. Dire qu'il existe dans les faits une inégalité dans les degrés de connaissance n'instaure pas un partage de droit entre une minorité de « savants » ou « éclairés » et une majorité d'« ignorants », puisque chez Spinoza la connaissance de Dieu ou de la Nature ne fonde aucun droit, et peut encore moins fonder un rapport de pouvoir ou de commandement[38]. Il s'agit plutôt, comme l'affirme Macherey, de mesurer l'écart réel entre les différents degrés de connaissance pour l'expliquer : « si tous participent à cette connaissance, ils n'y participent pas de la même manière, en ce sens qu'ils en développent plus ou moins les présupposés relativement aux aptitudes dont ils disposent qui ne permettent pas à tous de faire fonctionner leur esprit à plein régime, sous la norme de l'idée vraie »[39]. Macherey montre que Spinoza différencie ici entre les *aptitudes* qu'il définit comme les « propriétés personnelles

34. *TP* II-17.
35. *TP* XI-1.
36. *E* IV 35 dém.
37. *TTP* XIII-5.
38. Comme le rappelle É. Balibar « Spinoza, après avoir analysé l'utilisation (et la perversion) du savoir dans le régime de la superstition "théocratique", n'a jamais posé que la connaissance rationnelle, comme telle, puisse servir à instaurer un rapport d'obéissance entre ceux qui savent et ceux qui ignorent. » (É. Balibar, *Spinoza et la politique*, *op. cit.*, p. 116).
39. P. Macherey, « Comment, selon Spinoza, devient-on philosophe ? », art. cit.

des individus », et les *capacités*, communes à tous les êtres humains qui « n'appartiennent à personne en particulier », à connaître les attributs de Dieu/la Nature, c'est-à-dire à s'exercer au jugement philosophique[40]. Alors que tous les hommes sont également capables en tout temps d'exercer et de développer leur liberté de philosopher de façon à atteindre la connaissance des choses selon les « idées vraies », tous les hommes n'ont pas les mêmes aptitudes à tout moment pour atteindre ce but. Atteindre le plus haut degré de connaissance, Spinoza le disait déjà dans le dernier scolie de l'*Éthique*, requiert un travail long et assidu mais possible : « Si maintenant la voie dont j'ai montré qu'elle conduit jusque-là paraît ardue, il est possible pourtant de la découvrir »[41]. En soutenant que le régime démocratique est précisément celui où « tous [...] décident d'un commun accord de vivre selon le seul commandement de la Raison »[42], Spinoza pose dans le *TTP* de façon à la fois implicite et urgente le problème de l'éducation des masses à la démocratie, c'est-à-dire de la transformation de la liberté de juger en liberté de philosopher, sans pour autant le résoudre. Il reviendra sur ce même problème dans le *TP*, mais autrement. À l'approche selon la raison théorique sur la nature d'un État démocratique, la description de son *essence*, Spinoza substitue dans son dernier ouvrage une approche selon la raison pratique : comment développer la liberté de penser des citoyens pour assurer l'*existence* de l'État démocratique ? Le *TP* invite ses lecteurs à penser les types d'États ou régimes politiques comme des institutions naturelles qui ont une logique propre de laquelle on peut déduire leur principe actif, une sorte de « puissance » ou de *conatus* politique qui les fait vivre et persévérer dans leur être[43]. Balibar développe cette idée pour dire qu'à chaque type d'État correspond un type de « corps politique » qui a besoin d'identifier et de cultiver le « principe de production continuée » qui lui est propre, qui doit être pensé « non seulement comme une production naturelle, mais comme une reproduction des composants de l'individu et de la puissance qui les lie, permettant de résister aux forces extérieures »[44]. Les institutions qui permettent de réactiver le principe actif du corps politique démocratique sont aussi bien celles qui maximisent la communication (c'est-à-dire qui assurent et développent la liberté de juger) et aussi celles qui cultivent la liberté de *bien* juger, de philosopher, c'est-à-dire les institutions d'enseignement et de recherche. Comme l'affirme Balibar, « être le plus nombreux possible à penser le plus possible »[45].

40. *Ibid.*
41. *E* V 42 sc.
42. *TTP* XIX-6.
43. De même que « le principe de leur [les choses naturelles] existence ne peut se déduire de leur essence, » de même « leur persévérance dans l'existence » n'en découle pas non plus : « elles ont besoin de la même puissance pour commencer d'exister et pour continuer d'exister. » (*TP* II-2).
44. É. Balibar, *Spinoza et la politique*, *op. cit.*, p. 80.
45. *Ibid.*, *p.* 118.

Les discours d'opinion et le travail démocratique de l'enseignement

L'université est d'une part le lieu où se cultive et se développe la liberté de philosopher ou la liberté académique, cette modalité de la liberté de penser qui consiste non seulement dans le fait de pouvoir exprimer sa pensée mais de le faire en donnant des preuves raisonnées de son jugement, qui doivent être validées par les pairs d'une communauté scientifique. Mais l'université d'une société démocratique, l'université de masses, est aussi et plus fondamentalement le lieu où se produit le « travail démocratique » qu'est la transformation graduelle et constante des discours d'opinions en discours de savoir, de la liberté de juger en liberté de philosopher.

L'université se trouve cependant assaillie de toutes parts par la force des discours d'opinion qui ne cessent de remettre en question les discours de savoir, se brouillent avec ceux-ci, que ce soit par le biais de pressions externes d'ordre politique et économique qui s'exercent sur les institutions universitaires et les enseignants-chercheurs, ou de confusions qui surgissent au sein du discours universitaire lui-même. Face à ces pressions qui font obstacle à la liberté académique surgit souvent la question de savoir comment réguler en son sein les discours d'opinion qui cherchent à s'y exprimer.

S'il s'agit de savoir dans quel cadre sont tolérés les discours d'opinion à l'université, il semble découler assez naturellement qu'ils doivent être autorisés du moment qu'ils n'entravent pas la production et la valorisation des discours de savoir, et ne font pas obstacle au travail d'enseignement. Dans les cadres proprement pédagogiques et scientifiques (cours, séminaires, conférences, colloques etc.), la participation des étudiants ne peut être supprimée : c'est le rôle des enseignants-chercheurs de régler ces prises de parole et interventions. En dehors de ces cadres et à l'intérieur de l'enceinte universitaire doit s'appliquer la règle qui régit l'espace public (restreindre uniquement les discours qui incitent à la haine et à la violence sociale) à une exception près : la communauté universitaire des enseignants-chercheurs, et aussi celle des étudiants, doit pouvoir avoir un droit de regard et un droit de réponse sur ce qui se dit et s'organise à l'intérieur de l'université, car celle-ci n'est pas uniquement un lieu public comme un autre, mais le lieu où est censé s'articuler un « discours de raison » qui veut servir de fondement au vivre ensemble. Il n'est pas question d'exercer une censure, mais d'affirmer le droit du corps enseignant de décider quels discours doivent être validés et mis en avant comme des discours de savoir, et lesquels doivent être contrastés, critiqués, réfutés comme de simples discours d'opinion. La liberté académique, c'est donc le pouvoir collectif des universitaires d'exprimer un jugement raisonné et public sur la qualité des discours qui cherchent une tribune à l'université, et de régler leur modalité d'expression.

L'Université propre à un État démocratique doit donc être non seulement capable de composer avec les discours d'opinion qui animent les masses, mais encore être apte et prédisposée à le faire. Les opinions et préjugés qui font obstacle à la puissance de philosopher ne sont pas seulement d'ordre individuel et passionnel mais aussi relatives à des groupes sociaux, et nourries par des autorités sociales, économiques, religieuses, etc. L'université publique doit donc produire une autorité d'une autre nature, fondée sur la raison et la liberté de philosopher pour débattre et transformer les discours d'opinion qui agissent dans la société. Cela implique d'aller au-delà d'une conception défensive de l'université comme une « citadelle » qui doit se protéger de tout ce qui l'entoure, et de développer une conception expansive de celle-ci comme un foyer de discours de savoir, protégé des ingérences externes mais aussi tourné vers son extérieur. Affirmer la liberté académique c'est aussi libérer et développer la puissance de philosopher de l'université pour que celle-ci assume pleinement un rôle actif dans la transformation des discours d'opinion en discours de savoir dans l'ensemble de la société.

La liberté de penser ou de raisonner est la condition pour apprendre à raisonner librement, c'est-à-dire à philosopher.

Cela n'est possible cependant que si l'on revalorise le rôle de l'enseignement à l'université, qui est le plus souvent déclassé dans la hiérarchie des valeurs académiques par rapport à la recherche. Dans *le Traité de la Réforme de l'Entendement*, texte préalable à l'*Éthique*, Spinoza affirme que pour élever les esprits au « bien suprême », c'est-à-dire à « la connaissance de l'union qu'a l'esprit avec la Nature tout entière », il faut « former une société qui permette au plus grand nombre possible » de parvenir à ce but « aussi facilement et aussi sûrement que possible », et qu'il faut donc s'appliquer à développer « une doctrine de l'éducation des enfants »[46]. Et il indique qu'avant d'entreprendre le travail d'enseignement il faut préparer l'intellect à le recevoir : « il faut réfléchir et trouver le moyen de guérir l'entendement et, autant qu'on le peut, de le purifier dès le début, afin qu'il réussisse à avoir des choses la meilleure compréhension possible, exempte d'erreur »[47]. L'*Éthique* et le *TTP* nous donnent des indices du travail que doit accomplir l'enseignant pour préparer et ouvrir les esprits en apparence les moins aptes à une meilleure compréhension des idées vraies. Peut-être cette préparation à l'éducation correspond-elle à ce que Tosel décrit comme l'effort « de neutraliser ou virtualiser précisément le *furor theologico-politicus* »[48]. L'enseignant doit prendre en compte la situation où se trouve une partie de la masse qui, sous l'emprise d'une fureur passionnelle nourrie par les fanatismes religieux et politiques, « partie par dévotion, partie par désir de s'opposer à ceux qui cultivent les sciences de la nature, […] désire ignorer les causes naturelles et brûle d'entendre parler de cela seulement qu'[elle] ignore le plus et qui, par suite, l'étonne le plus », comme l'affirme Spinoza[49].

Le *TTP* tente précisément de montrer combien il est non seulement possible mais nécessaire d'aider la multitude à entreprendre, progressivement, ce qu'André Tosel nomme le « progrès intrapassionnel » qui constitue l'étape

46. Spinoza, *Traité de la réforme de l'entendement*, trad. fr. M. Beyssade, dans *Premiers écrits, Œuvres 1*, P.-F. Moreau (éd.), Paris, P.U.F., 2009, p. 71-73.
47. *Ibid.*
48. A. Tosel, *Du matérialisme de Spinoza*, *op. cit.*, p. 121.
49. *TTP* VI-1.

préliminaire de l'enseignement. Cette « neutralisation de la superstition théologico-politique » s'effectue d'abord par « la dissociation entre l'expression d'un jugement sur l'utile propre et la détermination de ce jugement comme certitude, comme dogme »[50]. Pour effectuer cette « guérison », les apôtres, par exemple, démontraient d'abord « par l'Écriture », en racontant des histoires et en faisant appel à l'imagination, ce qu'ils démontraient ensuite ou en même temps « par la Raison », par des raisonnements logiques. Il s'agit de montrer que les jugements d'opinion sur l'utile fondés sur les passions, peuvent aussi se fonder en raison. Ce « progrès intra-passionnel » consiste donc, comme l'explique André Tosel, à « avoir appris à affirmer [son] jugement propre sans prétendre l'authentifier d'une révélation ou d'une mission sacrée quelconque », c'est-à-dire à avoir appris à s'approprier une opinion héritée, un préjugé, comme étant la sienne propre par la voie de la raison et non pas par la force des passions, pour pouvoir ensuite travailler sur elle de façon rationnelle[51]. Ce travail de l'enseignement consiste à permettre de sortir doucement du passionnel, pour se constituer une nouvelle aptitude à juger, une liberté de philosopher, et à pouvoir abandonner la première affection passionnelle comme on cesse de se servir d'une béquille. Pour accomplir cela, ajoute Tosel, « il faut que ces sujets puissent à chaque moment être en situation de pouvoir exprimer leur opinion sur ce qu'ils jugent être leur utile propre »[52]. La liberté académique des étudiants, leur capacité à pouvoir s'exprimer librement sans peur ni contrainte, est donc tout aussi nécessaire pour pouvoir transformer la puissance de juger en puissance de philosopher.

Telle était pour Spinoza la pratique de certains apôtres qui ont su chacun dans chaque cas « enseigner » et « conseiller les hommes par la méthode » qu'ils avaient jugée « la meilleure ». Ils étaient en fait apôtres et docteurs à la fois. Leur but était précisément d'« enseigner ceux qui sont complètement incultes et qui n'ont commencé à apprendre avec personne d'autre les langues ou les sciences – y compris les mathématiques, de la vérité desquelles personne ne doute »[53]. Ce faisant, ces enseignants du peuple faisaient appel à la raison aussi en termes de pédagogie, puisque pour Spinoza une pédagogie rationnelle ne peut pas consister à *imposer* en faisant appel à une autorité externe le discours de la raison ou du savoir aux esprits qui ne sont pas prêts à le recevoir, mais à trouver les chemins qui mènent à accepter les jugements de la raison. Une pédagogie rationnelle est celle qui affirme que « celui qui possède l'autorité d'enseigner a aussi celle de choisir sa méthode d'enseignement »[54]. Voilà une défense de la liberté académique au sens d'une liberté pédagogique, d'une liberté de choisir comment on prépare et introduit l'autre au chemin de la philosophie.

Le travail de l'enseignement à l'université consiste donc à aider les masses à s'élever du terrain de l'utile, de la « reproduction de la simple vie » comme le dit André Tosel, à la connaissance des rapports vrais entre les choses et les

50. A. Tosel, *Du matérialisme de Spinoza, op. cit.*, p. 121.
51. *Ibid.*
52. *Ibid.*, p. 116.
53. *TTP* XI-8.
54. *Ibid.*

idées, c'est-à-dire passer du premier au deuxième degré de la connaissance qui permet d'établir un langage commun pour le vivre ensemble. L'université est aussi le lieu où s'élabore le troisième degré de la connaissance, c'est-à-dire le travail de la recherche qui produit une connaissance théorique et approfondie de l'« essence » des choses. Cette voie doit être ouverte à tous ceux qui en ont le désir et les aptitudes de participer à la production des discours de savoir et le développement des sciences et des arts.

Le problème des institutions universitaires

Mis à part quelques remarques dans le *TRE* et le *TTP*, Spinoza n'a pas développé une théorie de l'éducation ou de l'enseignement, pas plus qu'il n'a précisé le rôle des institutions d'enseignement ni des universités dans l'État démocratique[55]. On sait que lui-même refusa d'accepter un poste à l'Académie de Heidelberg[56]. Le refus de Spinoza est motivé de façon explicite par le désir de se consacrer à ses recherches et sa défiance, malgré les assurances insuffisantes de Fabricius, de la possibilité de jouir d'une pleine liberté académique à Heidelberg[57]. Mais plus profondément, le refus de Spinoza de rejoindre l'institution universitaire exprime son ambivalence quant à la nature même des institutions d'enseignement, ou plutôt quant à l'institutionnalisation de la pratique d'enseignement et de la philosophie[58].

Étienne Balibar décèle dans le *TP* les bases pour penser une théorie spinoziste des institutions propres à une société démocratique. Il s'agit bien sûr de penser ces institutions comme des « lois » et « appareils » de l'État et de la société (puisque l'un est le revers de l'autre chez Spinoza) qui organisent ce qu'il décrit comme « une distribution des pouvoirs, des fonctions publiques et des conditions sociales » qui est « différente d'un régime à l'autre (monarchie, aristocratie unitaire ou fédérale, démocratie) »[59]. Pour Spinoza, explique Étienne Balibar, les institutions d'une société démocratique doivent être aussi conçues comme des « processus » vivants, ou plutôt comme les moyens à travers lesquels s'accomplit un autre processus d'institution plus vaste, celui de « l'institution du "corps politique" comme une transformation interne de la puissance de la masse (*potentia multitudinis*) : son passage tendanciel de la passivité à l'activité, qui est aussi son autolimitation et son

55. Voir à ce sujet M. Lærke, *Spinoza and the Freedom of Philosophizing, op. cit.*, « Education », p. 148-166.

56. Dans sa lettre du 30 mars 1673 en réponse à l'invitation de Louis Fabricius, calviniste orthodoxe, professeur à Heidelberg et écrivant de la part de l'Électeur Palatin, Spinoza invoque le soin de protéger sa liberté académique comme un des principaux motifs pour son refus : « j'ignore dans quelles limites cette liberté de philosopher devrait être contenue pour ne pas me donner l'air de vouloir troubler la religion publiquement établie », tout en ajoutant que c'est par « amour de la tranquillité » qu'il renonce « d'enseigner en public ». Spinoza, *Correspondance, op. cit.*, lettre 48.

57. Fabricius l'avertissait du danger de déstabiliser les limites entre le théologique et le politique dans l'espace public et donc du besoin de restreindre la liberté de philosopher au seul domaine académique, c'est-à-dire celui de l'examen de la philosophie naturelle. Ce refus montre aussi que Spinoza avait une conception plus vaste et ambitieuse de la liberté de philosopher que son interlocuteur. Voir M. Lærke, *Spinoza and the Freedom of Philosophizing, op. cit.*, p. 23.

58. Cette ambivalence de Spinoza, montre M. Lærke, s'explique en partie par le contexte historique : *Spinoza and the Freedom of Philosophizing, op. cit.*, p. 164-165.

59. É. Balibar, « L'aporie de la communauté et la question de la connaissance », dans *Spinoza politique, le transindividuel*, Paris, P.U.F., 2018, p. 189. En effet, le *TP*, resté inachevé, vise à dépasser les problèmes posés par le *TTP*, en particulier le partage flou entre la pensée et l'action, et l'articulation entre la liberté d'expression et le devoir d'obéissance.

auto-organisation »[60]. Plus spécifiquement, les institutions d'éducation et de recherche ont pour but d'aider activement à la constitution et à la reproduction de ce « corps politique » démocratique en développant spécifiquement la puissance de penser et de philosopher des masses.

Mais on peut tout aussi bien prendre cette question à rebours, comme le propose Frédéric Lordon, et partir non pas du « besoin » d'institutions pour le bon fonctionnement d'un État démocratique, mais de la réalité de leur dysfonctionnement régulier et désespérant. Déjà dans ses travaux précédents et plus récemment dans *Vivre Sans* (2019), Lordon propose de problématiser les institutions et l'institutionnel en partant de l'expérience partagée : l'institution, c'est par définition « un enfer »[61]. Or, affirme Frédéric Lordon, c'est faire fausse route que d'imaginer de pouvoir vivre sans institutions. Si les institutions sont très souvent « des lieux de mort », c'est parce que ce sont des lieux où s'exerce souvent un pouvoir vertical et non-partagé qui permet à quelques-uns de « s'adonner à leur désir – qui est désir de pouvoir » aux dépens du désir des autres. Les institutions produisent donc souvent « l'atrophie des puissances d'agir par la normalisation qui tombe du système de pouvoir » et, dans le cas spécifique de l'université, l'atrophie de la puissance d'agir par la pensée et de philosopher[62].

Frédéric Lordon nous invite, avec Spinoza, à distinguer les institutions réellement existantes, de l'institutionnel, ou du fait de « faire institution », car « le collectif n'existe jamais qu'en ses institutions, et même davantage : que l'institution, ou l'institutionnel, est le mode d'être même du collectif »[63]. Il propose de donner une définition plus simple et radicale du fait (ou du « faire ») institutionnel comme « tout effet, toute manifestation de la puissance de la multitude »[64], c'est-à-dire comme la constitution de formes sociales ou de « manières de faire » dans lesquelles prend forme un domaine ou une partie de la vie collective du corps social et politique. C'est en ce sens que l'on peut penser les universités et autres institutions d'enseignement et de recherche : des « manières de faire » pédagogiques pour enseigner et accomplir ce progrès intra-passionnel et rationnel, des « manières de faire » scientifiques pour développer la recherche et la créativité, des « manières de faire » pour développer ensemble nos capacités et nos aptitudes intellectuelles et civiques afin de délibérer rationnellement ou philosopher.

La critique de Frédéric Lordon est essentielle pour comprendre le problème posé par les institutions dans une société démocratique, car si on veut que celles-ci participent au développement du corps politique d'un État démocratique, il faut éviter que ces institutions se transforment en entrave à leur but, qu'elles s'ossifient, qu'elles limitent ou diminuent les puissances de penser et d'agir de la masse. Frédéric Lordon montre aussi que la seule façon de préserver le mouvement et le travail de « faire institution » dans le domaine de l'enseignement et du savoir comme dans les autres, c'est d'injecter à

60. É. Balibar, *Spinoza politique, le transindividuel, op. cit.*, p. 190.
61. F. Lordon, *Vivre sans*, Paris, La fabrique, 2019, p. 15.
62. *Ibid.*, p. 18.
63. *Ibid.*, p. 109.
64. *Ibid.*, p. 105.

l'intérieur de ces institutions une dynamique et un fonctionnement eux-mêmes démocratiques, c'est-à-dire revenir à la pratique des larges assemblées délibératives et partir du présupposé de la puissance de philosopher du collectif et non pas de ses limites.

Dans *La parole universitaire*, Pierre Macherey explique en effet que l'université française est marquée par une « antithèse » entre deux formes universitaires. Si ce conflit semble se concrétiser dans la polarisation entre les universités publiques et les grandes écoles, toutes les deux sont en fait traversées par une opposition plus fondamentale entre deux « manières » de faire institution : l'une archaïque, héritée de l'époque médiévale, qui fonctionne « sur fond de transcendance », qui ordonne de façon hiérarchique aussi bien les savoirs et les disciplines (classant lesdites facultés supérieures et inférieures) que les rapports sociaux, en subordonnant les enseignants-chercheurs et les étudiants aux administrateurs, en classant verticalement les différents statuts d'enseignement et de recherche; l'autre, l'université « moderne », héritière des Lumières, qui propose une « unité organique du savoir dont toutes les branches devaient alors être ordonnées à partir d'un principe immanent à l'ordre académique », une université « constituée en communauté de connaissances négociant entre elles leur relations sur des bases intellectuelles », qui arbore la promesse d'un rapport libre et égalitaire entre ses constituants, mais qui n'arrive pas cependant à concrétiser pleinement toutes ces aspirations[65].

Le problème, affirme Macherey, c'est que le rapport entre ces deux formes ou « manières » de faire institution « n'a pas été de substitution : la seconde n'a pas pris la place que la première lui aurait abandonnée, mais elle s'y est surajoutée, en la laissant subsister à l'arrière-plan »[66]. On peut même affirmer que la forme institutionnelle « moderne » a été partiellement ou totalement capturée par le discours technocratique, utilitariste, et la vision productiviste propre à la société capitaliste. Pour pouvoir jouer son rôle fondamental dans la reproduction du corps politique proprement démocratique, l'institution universitaire doit recommencer cette révolution démocratique entamée déjà à plusieurs reprises au cours du XXe siècle mais jamais complétée[67]. Il s'agit d'abandonner définitivement le modèle corporatiste d'Ancien régime, réactivé régulièrement par le tournant néolibéral, qui se constitue de rapports de pouvoir hiérarchiques et excluants, pour adopter un modèle proprement collégial et démocratique constitué de rapports libres et égaux aussi bien entre ses participants qu'entre les différentes disciplines et pratiques de savoir[68]. Cela implique que loin d'être une exception à la règle démocratique, les universités elles-mêmes en tant qu'institutions doivent retrouver ou inventer une pratique efficace et régulière de la démocratie assembléaire. Il s'agit concrètement de (ré)instituer et de normaliser les assemblées étudiantes et

65. P. Macherey, *La parole universitaire*, Paris, La fabrique, 2011, p. 18.
66. *Ibid.*, *p.* 18.
67. Le fonctionnement démocratique des universités fut institué partiellement par les mobilisations de masses de la fin des années 1960 en Europe et en Amérique Latine, qui revendiquèrent le rôle de l'université publique dans le processus démocratique d'émancipation populaire.
68. M. Lærke rappelle que le rapport "collégial" que revendique Spinoza pour exercer la liberté de philosopher repose sur un accord à agir ensemble, de façon collective, établi entre individus libres et égaux. Voir M. Lærke, *Spinoza and the Freedom of Philosophizing*, *op. cit.*, p. 133-139.

enseignantes, et de revenir à un modèle où ce sont les conseils universitaires représentatifs et composés à leur grande majorité d'élus enseignants, étudiants et du personnel (et non pas de représentants nommés de l'extérieur, étrangers à la communauté universitaire) qui agissent en tant que souverains de leur institution, qui prennent les principales décisions après des délibérations démocratiques, et qui s'investissent dans leur exécution collective.

Mais éviter l'ossification des universités et développer la puissance de philosopher des masses requiert aussi de donner des moyens matériels massifs à l'université. Comme le rappelle Warren Montag : « Spinoza ne revendique pas la libération des esprits seulement [...] mais aussi une libération du corps »[69]. La liberté de penser se développe en parallèle avec celle de pouvoir subvenir à ses besoins et d'exhausser ses désirs. Démocratiser l'université pour en augmenter sa puissance, c'est se donner les moyens de masse – y investir « un pognon de dingue » – pour y développer la participation de ses citoyens en nombre et en qualité. Cela requiert entre autres de vrais budgets qui correspondent aux besoins, un retour à la gratuité totale des enseignements, le remplacement systématique des postes précaires par des postes titulaires et la fin de la sous-traitance et de la privatisation des services.

L'université comme écosystème

La démocratisation des universités, loin de présenter une « menace » pour la liberté académique, est la condition de son développement, voire son « réservoir » de puissance : c'est en élargissant et perfectionnant la puissance de penser et d'agir des masses qui se rendent à l'université que celle-ci peut le mieux développer cette modalité spécifique de la liberté de penser qu'est la liberté de philosopher dont le corps des enseignants-chercheurs sont les émules. Cette thèse spinozienne ne fait pas fi des difficultés immenses qui se présentent à l'institution universitaire et que Spinoza traite de façon indirecte dans le *TTP*.

Démocratiser l'université pour qu'elle puisse enclencher ce principe fondamental du corps politique démocratique requiert aussi une certaine attitude philosophique vis-à-vis de la puissance de penser des masses. Cette attitude pour Spinoza n'est pas une question de vertu morale qu'il faudrait inculquer au corps enseignant, mais la conséquence de ce que Hasana Sharp nomme « une sorte de matérialisme des idées » – à différencier des conceptions matérialistes des idées, souvent réductionnistes et mécanistes – un matérialisme qui fait confiance aux possibilités de l'activité intellectuelle et à sa puissance[70]. Sharp nous rappelle que « Spinoza considère les idées en fonction de leur force, vitalité et puissance plutôt qu'en fonction de leur vérité ou fausseté »[71]. Avec Deleuze, elle affirme que « dans l'ordre ontologique, la pensée précède et excède les esprits », puisque la pensée comme activité est à concevoir comme une *natura naturans*, comme une cause primordiale, ou encore comme « activité absolue de l'être, qui n'est limité par aucune de

69. W. Montag, *Bodies, Masses, Power*, *op. cit.*, p. 63 (je traduis).
70. H. Sharp, « The Force of Ideas », *Political Theory* 35/6, décembre 2007, p. 733 (je traduis).
71. *Ibid.*

ses déterminations », et que chaque esprit humain particulier est une *natura naturata*, un effet de cette Nature foisonnante [72]. La puissance de penser des masses n'est rien d'autre que l'actualisation de la puissance du penser, de la force des idées, et plus précisément de la force propre aux idées vraies lorsque nos esprits peuvent les comprendre et les éprouver.

Puisque Sharp nous invite à penser l'attribut pensée « comme une sorte d'écosystème des idées » où « les idées, comme des choses vivantes, désirent persévérer dans leur être et ne survivent que dans un environnement favorable », on pourrait par analogie penser l'université et ses « manières de faire » comme une sorte d'écosystème propice à la diffusion et à l'amplification des idées vraies et du développement de la puissance de philosopher des masses [73]. C'est précisément parce que « les idées jeunes sont fragiles, qu'elles requièrent de nos soins, et d'être cultivées et nourries pour se développer assez afin de révéler leurs vices et leurs vertus ». Nos idées étant toujours « en vie, en développement, en changement », elles ont besoin de « rester ouvertes à la révision, à la critique, à l'élagage ou à l'amplification » et nous avons tous un intérêt démocratique à cultiver notre liberté individuelle et collective de philosopher à l'intérieur et à l'extérieur de l'université, de développer des manières de « faire institution » démocratiques à l'université et d'établir en son sein, collectivement, les paramètres de notre liberté académique [74].

Blanca Missé
San Francisco State University

72. H. Sharp, « The Force of Ideas », art. cit., p. 743-744. Deleuze, *Spinoza, philosophie pratique*, Paris, Minuit, 2003, p. 29 : « Il s'agit de montrer que le corps dépasse la connaissance qu'on en a, *et que la pensée ne dépasse pas moins la conscience qu'on en a.* Il n'y a pas moins de choses dans l'esprit qui dépassent notre conscience que de choses dans le corps qui dépassent notre connaissance ».

73. H. Sharp, « The Force of Ideas », art. cit., p. 745 (je traduis).

74. *Ibid.*, p. 746.

Actualité de Spinoza

GÉNÉTIQUE DE LA FAMILLE
Nature et culture chez Spinoza

Jacques-Louis Lantoine

Le constat que fait Spinoza dans le *Traité de la réforme de l'entendement* selon lequel on ne connaît ses parents que par ouï-dire fournit l'occasion de développer, à partir de l'exemple de la famille, la conception originale qu'offre le point de vue spinoziste sur les institutions. En reprenant une distinction que fait Julie Henry, on peut dire que la famille n'existe pas par nature, mais qu'elle est un effet naturel. L'univocité de la causalité et la diversité des causes qui président à sa constitution permettent d'échapper à l'opposition nature – culture comme à toute tentative de réduire les phénomènes sociaux à des principes biologiques ou environnementaux.

Nombreux sont les éléments théoriques propres à la philosophie de Spinoza qui la disposent à être mise en dialogue avec certains courants des sciences sociales [1]. Les plus connus sont la négation du libre arbitre, l'accent mis sur la structuration des imaginations et des affects par le social, ou bien encore le

1. Impossible ici de rendre compte de toutes les références à Spinoza dans le domaine des sciences sociales, sans même envisager de mentionner les références aux sciences sociales dans les études spinozistes, ou les incursions des spinozistes dans les sciences sociales. On se contentera de donner ici quelques indications bibliographiques particulièrement significatives, en plus de celles indiquées dans la suite de cet article; elles ne rendent pas compte de tout ce qui a été fait et se fait encore, en France et partout dans le monde. Y. Citton et F. Lordon (éd.), *Spinoza et les sciences sociales. De la puissance de la multitude à l'économie des affects*, Paris, Éditions Amsterdam, 2008; N. Marcucci (ed.), *Ordo E connexio : spinozismo E scienze sociali*, Milano, Mimesis, 2012; tous les ouvrages de F. Lordon, notamment *L'intérêt souverain. Essai d'anthropologie économique spinoziste*, Paris, La Découverte, 2006; *Capitalisme, désir et servitude. Marx et Spinoza*, Paris, La fabrique, 2010; *La société des affects*, Paris, Seuil, 2013. L'actualité de Spinoza se dit également dans des ouvrages de sociologie qui citent ou se réfèrent à Spinoza, parfois en passant, et parfois de façon structurante. Sur la réception de Spinoza par Bourdieu, voir notamment la thèse de V. Collard, dirigée par Frédéric Lordon et soutenue en 2022 à l'EHESS, qui s'intitule *D'une œuvre à l'autre : les modalités de la circulation des idées entre auteurs. Histoire sociale des idées « spinozistes » chez Pierre Bourdieu.* Le dialogue de la sociologie avec Spinoza s'étend au-delà des chercheurs qui se rattachent à l'héritage bourdieusien : voir par exemple C. Lemieux, qui propose de substituer une anthropologie du *conatus* à une sociologie de l'*habitus*, dans *Le Devoir et la Grâce. Pour une analyse grammaticale de l'action*, Paris, Économica, 2009, p. 205-212. La psychologie n'est pas en reste : on se contentera de mentionner les travaux en psychologie du travail, notamment ceux d'Y. Clot ou de P. Davezies.

rejet d'une perspective contractualiste du politique au profit d'une explication génétique des pouvoirs à partir de la puissance de la multitude. Cette actualité provient en dernière instance de ce qu'elle offre les fondements théoriques nécessaires à une science de l'être humain. Tandis qu'elle échappe à toute forme d'essentialisme anthropologique ou ethnique par son nominalisme, elle rend possible néanmoins une anthropologie conçue à partir de la notion de « nature humaine », qui renvoie moins à une essence spécifique qu'à une structure d'activité commune[2]. Cet universel anthropologique conduit à rejeter les naturalisations dont les institutions font parfois l'objet : « la nature ne crée pas de nations » (*TTP* XVII-26), la nature humaine est une et partout la même. C'est pourtant à partir de ces lois de la nature humaine en tant qu'elles s'effectuent dans un enchaînement causal historiquement déterminé qu'il est possible de rendre compte des formations sociales singulières, qui revêtent alors la forme paradoxale d'artifices naturels non conventionnels ou de groupes naturels historiquement construits de façon déterminée[3]. Ce qu'on appelle parfois le « naturalisme »[4] prend chez Spinoza des allures qui échappent aux oppositions traditionnelles de l'esprit humain et de la nature ou de la culture et de la nature[5]. Affirmer la naturalité et la nécessité de toutes les réalités interdit cependant la réduction des phénomènes sociaux à des processus biologiques : l'explication de ces phénomènes passe par des causes sociales et historiques, dont on répètera qu'elles sont naturelles, au sens où elles obéissent aux lois de la nature humaine et, plus généralement, aux lois de la nature. Il faut distinguer, avec Julie Henry, ce qui est « naturel » et ce qui est « par nature »[6] : tout est « naturel », rien n'échappe aux lois de la nature, n'est contre-nature ou hors de la nature[7], mais tout ne se fait pas « par nature », au sens où ça se ferait « spontanément », sans causalité extrinsèque et sans médiations. À quoi on peut ajouter que cette causalité, qui est ontologiquement univoque, ne peut pas se passer, d'un point de vue épistémologique, d'une référence aux « décisions des hommes », et ce pour

2. J. Busse, *Le problème de l'essence de l'homme*, Paris, Les publications de la Sorbonne, 2009. Voir aussi, concernant la notion d'anthropologie chez Spinoza, A. Matheron, « L'anthropologie spinoziste ? », dans *Études sur Spinoza et les philosophies de l'âge classique*, Lyon, ENS éditions, 2011.

3. Un point qu'on n'abordera pas ici et qui pourrait le montrer, c'est le statut de l'État : celui-ci est-il un individu qui peut se penser selon le modèle présenté dans le passage qui suit *Éthique* II 13 sc. ? Dans tous les cas, ce n'est pas un artifice, comme c'est le cas chez Hobbes. Sur ce point, voir P.-F. Moreau, qui rappelle les données du problème avant de prendre position en faveur de l'individualité de l'État conçu comme réalité naturelle, dans *Spinoza. L'expérience et l'éternité*, Paris, P.U.F., 1994, p. 441 sq..

4. Sur le sens spinoziste à donner à cette expression, voir P.-F. Moreau, « Les enjeux d'une pensée de la nature comme socle d'un processus d'émancipation. L'exemple de Spinoza », dans L. Gerbier et O. Guerrier (éd.), *Nature et naturel : autour du* Discours de la servitude volontaire, *Cahiers de La Boétie* n°4, Paris, Classiques Garnier, 2015, p. 151-163.

5. Philippe Descola attribue lui-même à Spinoza une position singulière dans le naturalisme, mais il accorde à ce terme un tout autre sens. Voir P. Descola, *Par-delà nature et culture*, « Folio essais », Paris, Gallimard, 2005, p. 134.

6. J. Henry, *Spinoza, une anthropologie éthique. Variations affectives et historicité de l'existence*, Paris, Classiques Garnier, 2015, p. 403-404.

7. Dans le *Traité théologico-politique* (édition de référence donnée note suivante) VI-9 consacré aux miracles, Spinoza réfute la distinction entre un phénomène qui serait « au-dessus » des lois de la nature, et un phénomène qui serait « contre » ces mêmes lois, de façon à montrer que comme il ne peut pas être contre-nature, il doit forcément être dedans.

trois raisons que Spinoza expose dans le *TTP* IV-1 [8] : ce qu'on conçoit comme des artifices ne peut se comprendre sans l'esprit humain comme cause, à la différence des lois de la nature; seule la considération des causes prochaines nous intéresse pour comprendre les « choses particulières »; enfin, la finitude de notre esprit nous condamne à considérer les choses comme possibles – ce qui ne veut pas dire contingentes (*E* IV déf. 3 et 4) : une explication déterministe des phénomènes sociaux (ou psychologiques) n'est pas contrainte d'énoncer la totalité des causes qui ont rendu nécessaire tel ou tel événement, la mise en évidence de ce qui l'a rendu possible peut suffire.

La philosophie de Spinoza offre ainsi un cadre conceptuel qui autorise une position naturaliste pour laquelle tout est naturellement déterminé, mais qui n'a pas pour ambition de réduire et encore moins d'essentialiser les phénomènes sociaux. Il ne s'agit pas là d'un antiréductionnisme qui se ferait au nom de la morale, de la liberté ou de la dignité de l'homme conçu comme un empire dans un empire, ni même au nom de l'impossibilité ontologique que cela représenterait. Il s'agit plutôt de montrer que les phénomènes humains ont besoin d'être expliqués par une causalité univoque mais multiple, toute naturelle et efficiente, mais de registres différents (biologique, anthropologique, historique). L'exemple du traitement, épars et jamais théorisé pour lui-même, qu'il réserve à la famille [9] permet de montrer que ce sont des mécanismes propres à la nature humaine qui expliquent la formation d'entités pourtant non fondées en nature, qui ne relèvent cependant pas d'un mode d'être non-naturel.

Une famille sans liens du sang : « Je suis ton père »

On pourrait être tenté de considérer la famille comme une entité naturelle au sens où, spontanément et par nature, des individus liés par le « sang » se considèreraient comme liés socialement. C'est là une première forme, naïve, d'essentialisme. Un « instinct » déterminerait l'individu à se rapporter et à reconnaître certains individus singuliers, ses géniteurs, comme étant par nature disposés à lui porter secours, et réciproquement. Bonne nature que cette nature finalisée : une essence individuelle se verrait ainsi animée d'un appétit spontanément tourné vers un objet déterminé qui lui convient [10]. Une telle conception de l'appétit comme instinct – ou plutôt, de l'instinct compris à l'aune anthropomorphique du désir adulte – est battue en brèche par Spinoza dans sa définition de l'appétit et du désir : ceux-ci sont d'abord sans objet, et ce qui distingue le désir, c'est qu'il s'accompagne d'un objet

8. Abréviations utilisées : *CT* (*Court traité*), TRE (*Traité de la réforme de l'entendement*), *TTP* (*Traité théologico-politique*), E (*Éthique*), TP (*Traité politique*), L (pour les lettres), déf. (définition), préf. (préface), chap. (chapitre), sc. (scolie). En chiffres romains, la partie et/ou le chapitre; en chiffres arabes, le paragraphe, la proposition, et le numéro de la lettre pour la correspondance. Éditions de référence : *Œuvres*, P.-F. Moreau (éd.), vol. 1, *Premiers écrits*, trad. fr. M. Beyssade (*TRE*) et J. Ganault (*CT*), Paris, P.U.F., 2009; vol. 3, *Traité théologico-politique*, trad. fr. et notes J. Lagrée et P.-F. Moreau, Paris, P. U. F, 1999; vol. 4, *Ethica/Éthique*, trad. fr. P.-F. Moreau, Paris, P.U.F., 2021; *Tractatus politicus. Traité politique*, trad. fr. P.-F. Moreau, Paris, Répliques, 1979; *Correspondance*, trad. fr. M. Rovere, Paris, GF-Flammarion, 2010. Les références aux œuvres de Spinoza seront données entre parenthèses.

9. On ne parle pas ici de la famille au sens du *Traité politique*, mais au sens où l'on prend usuellement ce terme dans la modernité européenne du temps de Spinoza. Les analyses qui suivent ne prennent évidemment pas en compte les évolutions récentes de la famille (monoparentale, parents du même sexe, etc.).

10. Pour une critique spinoziste de cette conception, voir L. Bove, *La Stratégie du conatus. Affirmation et résistance chez Spinoza*, Paris, Vrin, 1996.

visé par la conscience comme fin, alors qu'il est une cause déterminante (*E* III déf. 1 et explication, et *E* V préf.). Spinoza évoque par exemple le fait que si le nourrisson appète le lait et qu'il le fait volontiers, au point de croire, quand il devient conscient, qu'il le fait volontairement parce que le lait est bon, c'est parce qu'il y a été contraint à sa naissance [11] : on lui a donné du lait tandis qu'il s'agitait confusément vers rien, ne sachant vers quoi se tourner. Le *conatus* est d'abord une tendance sans objet : la chose par nature tend à persévérer dans son être, mais elle n'investit par nature aucun objet pour le faire, et fait effort dans tous les sens – d'où le fait qu'elle meurt si elle n'est pas contraint par une cause extérieure.

De même que le nourrisson n'aspire pas par nature à boire du lait, il n'aspire pas par nature à boire le lait de sa mère biologique. Spinoza rapporte explicitement la reconnaissance des parents au seul ouï-dire (*TRE* § 20). Au départ, il en va de nos géniteurs comme de notre date de naissance : on nous en informe. La famille nous vient du dehors, elle nous est assignée, c'est un fait – et c'est un fait que nous ne vérifions jamais la vérité de cette assignation, sauf exception : il ne suffit pas d'avoir des doutes quant au lien de parenté, encore faut-il croire en l'importance du lien de parenté biologique, ce qui ne va « par nature » pas de soi mais suppose un certain imaginaire de la famille. Le lien familial *primordial* n'est pas *par nature* : il n'y a pas d'élan spontané de l'enfant vers sa mère ou son père qu'il reconnaîtrait intuitivement, et on peut se douter qu'il en va de même de l'autre côté. Le père et la mère reçoivent l'enfant entre leurs mains [12], et c'est parce qu'ils ont fait confiance à l'institution ou à l'entourage, et cru qu'il s'agissait du même enfant qu'ils ont d'abord vu sortir, qu'ils pensent que c'est le leur. Si l'on rapporte la croyance à la parenté au seul ouï-dire, il faut réduire le lien soi-disant biologique au lien symbolique – langagier – institué, qui suppose en deçà une contrainte, au sens d'une causalité extérieure (qui n'est pas forcément contrariante) : les membres de la famille se réunissent parce qu'ils *ont été* réunis et qu'on leur a dit : « voici votre enfant », « voici tes parents ». C'est toute l'importance du rituel de la constatation de ressemblance – souvent fantasmée – entre l'enfant et au moins l'un des parents : le social *reconnaît* et par là institue le lien de parenté biologique, car la nature n'y suffit pas.

Le lien familial apparaît parfaitement arbitraire, « possible » mais non nécessaire, relevant d'une « décision des hommes ». Pour autant, tout cela n'est « possible » que sur fond des lois de la nature humaine : il y a d'abord rencontre entre deux ou trois – ou davantage – *conatus*, dont les attentes déjà déterminées ou l'absence d'objet respectifs ne les prédisposent pas par nature à se rencontrer, mais les contraignent à se satisfaire de leur rencontre. Il n'y a pas par nature « appel du lait » ou du « sein », ni « instinct de donner la vie et d'en prendre soin », mais il y a convenance des désirs et des appétits, même

11. Cet exemple fameux de L58 ou d'*E* III 2 sc. doit être compris ainsi, si l'on suit scrupuleusement le modèle de la pierre qui le précède : une cause extérieure détermine un certain mouvement dans lequel elle persévère une fois la contrainte passée.

12. Pour une analyse spinoziste de l'étonnement qui est celui des mères à la naissance de leur petit, voir M. Benetreau, « Spinoza à la maternité : l'admiration pour le nouveau-né », *Bulletin de l'Association des Amis de Spinoza* 45, 2020, qui remet en question l'imaginaire spontané d'un élan et d'une reconnaissance innés.

s'il ne faut surtout pas ignorer le caractère labile et inconstant des désirs, qui nécessite de rappeler symboliquement et juridiquement les parents – et bientôt l'enfant – à leurs devoirs de convenance. Le fait que dans le corps du nourrisson se contracte une habitude – ou disposition – de sorte que, « aussitôt » que la faim s'éveille, elle réveille l'image du lait, image que l'esprit s'efforce de maintenir présente tant elle l'a affecté de joie par le passé (*E* II 18 et sc. et *E* III 12), obéit à une loi naturelle biologique et psychologique. On ne comprendra pourtant rien à ce phénomène si on fait abstraction que des parents nous ont été assignés par ouï-dire, et que ceux-ci nous ont reçus et nourris d'après le ouï-dire – d'où vient cette idée des parents que le lait serait bon, sinon de l'expérience historiquement accumulée et, de nos jours, de la science ?

Si le lien n'est pas « par nature » au sens qu'il n'est pas un lien « du sang » ou, dirait-on peut-être aujourd'hui, « génétique », du moins peut-il être affectif : par nature, les enfants n'aiment-ils pas leurs parents, et ceux-ci n'aiment-ils pas spontanément leurs enfants ?

Prendre le large du cocon familial : « Famille, on se hait »

Il faut reconnaître que les relations qui constituent la vie de famille ne sont pas, dans les textes de Spinoza, celles qu'on imagine ordinairement. Si l'on s'en tient aux passages où il évoque explicitement les liens familiaux, c'est davantage la haine ou la dissension qui les caractérisent. Ces liens qui enchaînent les époux et qui attachent les enfants et leurs parents apparaissent comme la continuation de l'état de nature où les hommes sont ennemis les uns des autres. Loin de l'harmonie que le sens commun et la morale projettent dans ce qu'ils imaginent comme une « cellule » ou un « cocon », Spinoza met l'accent sur les conflits qui la traversent. Entre époux, les choses ne vont pas au mieux : « les querelles et les dissensions proviennent principalement de la société née du mariage » (*TP* VII-24). L'amour sensuel, qui n'est rien d'autre que la « pulsion [*libido*] d'engendrer » née de la beauté (*E* IV chap. XIX), est un des motifs principaux d'une telle alliance. Or, note Spinoza, cet amour se tourne facilement en haine, quand il ne devient pas un délire, d'où naissent plus de dissensions que de concorde. Si certains mariages n'ont pas que la beauté pour motif, mais également la liberté du cœur, cela est l'exception. C'est que « le plus souvent », les hommes « n'aiment les femmes que d'un appétit sensuel, et n'estiment leurs dispositions intellectuelles et leur sagesse que dans la mesure où elles l'emportent par la beauté » (*TP* XI-4). L'important ici est le pluriel rapporté à la rareté de l'objet du désir : tous désirent non pas les belles femmes, mais les plus belles. Sous l'effet d'une propriété commune renforcée par l'imitation des affects, les hommes aiment tous les mêmes objets, qui hélas sont en nombre fini et ne sont pas partageables (*E* III 32). Aussi envient-ils leurs semblables, ou se vantent-ils de les avoir dépossédés. Ils chantent les louanges de leur maîtresse – qui n'est autre que la femme de leur semblable – mais craignent en même temps d'être crus (*E* IV 37 sc. 1), car ils « supportent mal que les femmes qu'ils aiment s'intéressent en quelque façon à d'autres qu'eux » (*TP* XI-4). Puisque presque tous les hommes ne sont regardants qu'en matière de belles apparences et imitent les affects de leurs semblables, l'orgueil de posséder une femme plus belle que celle de son frère et l'envie qu'on éprouve à l'égard de celle de son cousin font naître la jalousie et la haine entre époux (*E* III 35 sc.). Il faut ajouter à ces facteurs de dissensions la tyrannie qu'engendre l'ambition de conformer les désirs du partenaire, de façon à ce qu'il vive selon notre complexion, ce qui est source d'une haine mutuelle (*E* III 31 sc.).

Qu'en est-il maintenant du lien affectif entre parents et enfants ? L'amour y règne-t-il spontanément ? Entre les parents et les enfants, les dissensions sont plus nombreuses et plus âpres qu'entre les maîtres et les esclaves (*TP* VI-4). Peut-être cela est-il dû justement au fait que l'enfant n'est pas un esclave. Ce qui les distingue, c'est la destination du commandement : on dirige son enfant pour ce qu'on se représente être son bien propre, tandis que le maître ordonne à son esclave de le servir, indépendamment de l'intérêt de l'esclave (*TTP* XVI-10). Pourtant, les parents ne sont-ils pas parfois tentés de traiter leur progéniture comme un esclave ? N'est-ce pas de toute façon ce que l'enfant ressent, lui à qui on fait des reproches et des réprimandes (*E* IV chap. XIII), et qui surtout ne se considère pas comme un esclave, car il a un droit de juger et de parler et n'obéit pas par terreur ou par inertie (*TP* V-4) ? Les rappels à l'ordre parentaux ont certainement pour but ce qui apparaît comme l'intérêt bien compris de l'enfant, seulement voilà : s'il est apte à le concevoir lui-même, il se sent humilié qu'on le traite comme un enfant ; s'il est inapte à le concevoir lui-même, il ne comprend pas qu'on le contrarie dans ce qu'il croit être son intérêt.

On ne peut pas conclure de tout cela que les enfants et les parents ne s'aiment pas mutuellement : des dissensions peuvent apparaître sans qu'il y aille d'une haine fondamentale et durable, et la haine comme l'amour sont inconstants. Cependant, pour Spinoza, les affects parents-enfants dépendent essentiellement de la structure dans laquelle les individus sont insérés. Ainsi, les passions qui traversent les liens parents-enfants sont particulièrement à prendre en compte quand il s'agit des enfants du monarque : celui-ci craint plus ses enfants qu'il ne les aime, car il voit en eux des concurrents qui, souvent, ont les faveurs de la foule. Aussi s'arrange-t-il, avec la complicité de sa cour, pour éduquer le futur prince de telle sorte qu'il ait « l'esprit grossier ; ils le tiendront ainsi adroitement » (*TP* VI-7). Naturellement, les liens parents-enfants empruntent les voies déterminées par un contexte social. Le biologique et le psychologique n'ont d'effet que dans une structure de causalités indépendantes – quoique non finalisées – et multiples – quoiqu'univoques.

L'ingratitude de l'adolescent qui se venge de ses parents en s'engageant dans l'armée, préférant se soumettre à un chef plutôt que de supporter les réprimandes pourtant bien intentionnées de ses géniteurs supposés (*E* IV chap. XIII), ne doit pas masquer le caractère certainement malhabile des parents qui s'engagent dans des réprimandes et jouent le rôle de chef plutôt que de supporter les protestations de leur enfant, comme l'indique un passage remarquable du *Traité politique* VI-4. Refusant de prendre la famille comme modèle patriarcal naturalisé pour penser une politique monarchique où l'ordre (« l'absence de guerre ») et la domination règnent sans partage et sans discussion dans la « solitude », Spinoza la prend pour modèle de société dont l'ordre est précaire et où le tumulte règne sans que toutefois soit détruite sa forme même. Il y explique qu'il est absurde de fonder l'ordre politique monarchique sur l'ordre social familial, non pas parce qu'il est illégitime de prendre une entité sociale « naturelle » comme norme pour penser une association artificielle, mais parce que cette entité sociale, pas plus ni moins naturelle que le reste, n'est pas « par nature » harmonieuse, au sens où l'entendent les partisans de l'ordre. Mais Spinoza la prend bien pour modèle : malgré les tensions qui règnent dans la famille, on n'a pas institué, en guise d'autorité parentale, une domination sur des enfants alors considérés comme des esclaves; n'allons donc pas, sous prétexte de dissensions dans le peuple, conclure qu'il faut instituer une domination monarchique absolue, à la manière des Turcs. Ce qui est vrai de la Cité est vrai de la famille : une famille dans laquelle la circulation du sang, autrement dit la survie, serait assurée, mais où les individus seraient conduits comme dans un troupeau, ne mériterait pas le nom de famille mais de solitude (nous paraphrasons *TP* V-4 et 5). Les dissensions sont signe de liberté et de résistance à l'oppression. Spinoza prend donc stratégiquement la famille comme modèle démocratique pour prouver qu'une politique peut s'appuyer sur les tensions et les dissensions qui dynamisent le corps social, sans que cela nuise à l'union et à la vraie paix, autrement dit la concorde (*TP* VI-4). À l'instar de la famille, une Cité conçue selon ce modèle peut durer, non certes sans changements et disputes. Reste qu'il y a famille et famille, et qu'on ne prendra pas n'importe laquelle en exemple : selon sa structure, les dissensions dégénèreront, on l'a vu, en haine et en vengeance. Mais alors la question se pose : qu'est-ce qui assure la pérennité et la concorde dans la famille, malgré les dissensions qui la traversent?

Produire l'esprit de corps : « tous pour un, un pour tous »

Le passage du *TP* où Spinoza évoque positivement les dissensions qui animent la vie familiale n'emporte pas une dénonciation de l'autorité parentale – « paternelle », dit Spinoza. Ce qui tient ensemble les membres d'une famille, est-ce donc l'obéissance? De fait, le propre de l'enfant, à l'instar d'Adam, c'est de recevoir les préceptes de la raison sous la forme de commandements transcendants (*TTP* IV). Néanmoins, c'est précisément parce qu'il les reçoit sous cette forme qu'il peut y désobéir : n'en comprenant pas le sens, ils lui apparaissent comme arbitraires, artificiels et contrariants, si bien qu'il n'y obéira que par la crainte et l'espoir, et sitôt que l'espoir d'un bien interdit sera plus grand que la crainte d'une sanction promise, il désobéira. L'inconstance dont a fait preuve le peuple juif – lui aussi un grand enfant, selon le texte du *TTP* II-15 – montre à quel point on ne peut pas trop compter sur les commandements, si bienveillants et avisés soient-ils. Le fait est que la famille, comme le peuple juif, est toujours confrontée à l'inconstance de ses membres – pas seulement des enfants – mais ne se dissout que rarement.

Faut-il rapporter cette permanence à un contrat? Il y a continuité entre l'état de nature et l'état de famille, comme il y a continuité de l'état de nature à l'état civil (L50), affirmation qui fait la spécificité de la philosophie spinoziste dans la période classique. Spinoza répète souvent que les promesses n'engagent que ceux qui y tiennent, si bien que ce n'est pas la convention de droit qui a la puissance de faire durer les alliances, mais les alliances et la puissance de la multitude qui a – ou n'a pas – de fait la puissance de faire durer les conventions. Fondamentalement, la convention qu'est le mariage par exemple ne change rien au fait que ce qui « oblige » à la loyauté, ce sont les affects – la raison également, mais les hommes sont mus par leurs passions davantage que par leur raison. Toute convention n'a de valeur qu'aussi longtemps que [1] durent les affects et les circonstances qui ont présidé au consentement : une convention ne tient qu'aussi longtemps qu'on y tient. Cependant, il ne faut pas sous-estimer le poids affectif du *fait* qu'il y a eu convention, par les punitions et les récompenses symboliques, juridiques et matérielles (notamment financières) qui sont attachées à son maintien ou à sa dissolution. On a le droit naturel de dissoudre son mariage simplement en abandonnant conjoint et enfant, mais il faut s'attendre à ce qu'on nous demande des comptes. On peut donc rapporter la continuité de la forme familiale par-delà les dissensions ou les haines qui s'y développent aux obligations sociales et civiles qui attachent les parents et leurs enfants. La continuité de l'état de nature à l'état civil ne va pas sans la prise en compte d'une causalité qu'il faut rapporter aux « décisions des hommes », de nature socio-historique.

Néanmoins, les liens familiaux dépassent ce type d'engagements civils [2]. Cet aspect conventionnel du lien familial ne permet pas de rendre compte du lien affectif tout particulier qui unit les membres d'une famille, et qui s'étend au-delà des obligations juridiques. Pourquoi tient-elle ensemble, et pourquoi y tenons-nous tant ? Quelles sont les causes internes de sa perpétuation dans l'existence, si elle n'est pas réductible à un lien « par nature », ni à un lien strictement artificiel ?

On ne peut pas ne pas évoquer le lien d'intérêt, qui fait que deux individus unissent leur force et sont par-là deux fois plus puissants (*TP* II-13). Il suffit d'avoir été longtemps en couple pour, une fois seul, se sentir non seulement bien seul, mais impuissant et inquiet. Une fois unis, s'ils n'ont pas cédé à l'amour sensuel pour la seule beauté des corps mais aussi pour la « liberté du cœur » et pour l'amour de procréer et d'élever des enfants (*E* IV chap. XX), ils ont intérêt à faire que le corps du nourrisson qui résulte de cet amour sensuel se change en un autre plus puissant (*E* V 42 sc.), ne serait-ce que pour qu'il puisse subvenir plus tard à ses propres besoins sans être un poids, voire à subvenir aux besoins de ses propres parents devenus âgés. Faut-il donc comprendre l'intérêt en termes de calcul rationnel des moyens en vue d'une fin ? Cela n'est pas exclu : les conseillers dans un État aristocratique n'auront pas le désir de mener des guerres si cela implique que leurs enfants

1. Pour une analyse de l'usage par Spinoza du terme *quamdiu* dès lors qu'il parle des promesses, on se permettra de renvoyer à notre ouvrage *Spinoza après Bourdieu. Politique des dispositions*, Paris, Éditions de la Sorbonne, 2018, p. 60-62.

2. Notons ici que la place manque pour parler de la façon dont Hobbes parle de la famille. Celui-ci fait porter la critique des fondements naturels des liens familiaux un peu plus loin que Spinoza, puisqu'il discute même la supériorité par nature des hommes sur les femmes. Néanmoins, son conventionnalisme lui interdit d'expliquer les liens familiaux par des mécanismes affectifs naturels. Voir notamment *Du citoyen*, trad. fr. P. Crignon, Paris, Flammarion, 2010, chap. IX.

« et ceux de leurs proches qui s'occupent de leurs affaires privées, seront obligés de prendre les armes et de partir en campagne, d'où ils ne pourront guère rapporter que des cicatrices gratuites » (*TP* VII-7). Dieu merci, les enfants « s'occupent de[s] affaires privées » de la famille, car sinon, rien n'empêcherait certains parents de déclarer des guerres et d'y envoyer combattre leurs enfants. Si les intérêts privés contredisent les intérêts publics, on ne donnera pas cher de la vie des enfants : le général Torquatus ne condamne-t-il pas à mort son propre fils qui, soldat, avait pourtant désobéi aux ordres qu'il avait donné (*TTP* XIX-10) ? L'intérêt qui lie les membres de la famille entre eux est corrélé à des institutions qui lient les intérêts entre eux.

En règle générale, il faut bien reconnaître les « avantages du foyer » qui rendent la vie de famille intéressante (*E* IV chap. XIII). Il arrive pourtant, on l'a vu, que les enfants désirent se venger des remontrances parentales et fuir la maisonnée. La vie de famille, aussi douce soit-elle, n'est pas sans violence, violence symbolique[3] qui passe essentiellement par le langage, et notamment les remontrances. Mais c'est aussi dans et par ces remontrances et, plus largement, ces conseils, approbations, encouragements qui s'expriment continuellement depuis la plus tendre enfance, que les parents accoutument leurs enfants à lier tels et tels actes à telles et telles valeurs, par le biais d'affects de joie et de tristesse éveillés essentiellement par le ton (*E* III déf. des affects 27 expl.). Il s'agit d'inculquer chez l'enfant le goût de la vertu, non par la raison, mais par l'envie et la gloire. Il n'y a pas que le motif qui change : le contenu de la vertu change également. On flatte et on loue l'action qui va dans le sens de l'intérêt et des valeurs des parents, et on réprimande et on désapprouve celle qui va à l'encontre de cet intérêt et de ces valeurs. Cette éducation a pour fonction de dresser[4] l'enfant à la vertu socialement comprise, du moins telle que la comprennent les parents. Le texte auquel nous faisons ici référence renvoie les affects de tristesse et de joie qui accompagnent certains actes à la coutume, de façon à délier l'apparent rapport moral naturel entre les émotions et les actions. Contre la naturalisation qu'implique le vécu passionnel immédiat éprouvé à la vue de certains comportements, Spinoza rapporte ce vécu à la médiation de dispositions incorporées, selon le modèle d'*Éthique* II 18. Si l'éducation « morale » relève en fait de la coutume, soit de l'inculcation de liaisons d'affections socialement instituées, il faut bien alors considérer que les parents dressent leur enfant conformément à l'ordre établi, encore une fois tel qu'ils l'imaginent, de façon à ce qu'il recherche naturellement à obtenir la reconnaissance symbolique et la gloire, qui rejailliront sur la famille, du moins l'imaginent-ils. On apprend par exemple au petit garçon à désirer les jeunes filles qui conviennent, c'est-à-dire qui passent pour l'emporter sur les autres par leur beauté – et par leur dot, la réputation de leur famille, etc. L'objet du désir – qui n'est donc encore une fois pas donné par nature – n'est pas la vertu éthiquement comprise, mais les honneurs, qui ne se répartissent pas sans léser autrui. Il faut donc en conclure qu'on élève des enfants pour

3. Disons-le une fois pour toute : l'ensemble de ce travail doit beaucoup à la lecture de Pierre Bourdieu.

4. Maurice Halbwachs parle également de dressage pour expliquer les liens familiaux, dans un passage qui résonne fortement avec ce qu'on explique ici à partir de Spinoza. M. Halbwachs, *Les cadres sociaux de la mémoire*, Paris, Albin Michel, 1994, p. 148-149.

faire briller la famille, non pour rendre l'enfant sage et heureux[5]. Cela est évident, car que sont les parents, sinon de vieux enfants qui ont eux aussi été accoutumés à ne désirer la « vertu » que par l'aiguillon de l'envie et de la gloire ?

Ainsi se constitue, dans les « dispositions du cerveau » (*E* I app.) et de l'imagination, la communauté d'esprit – on devrait plutôt dire d'imagination – entre les parents et les enfants. Elle aussi relève du ouï-dire. L'esprit de corps dans la défense des intérêts familiaux repose d'abord sur une éducation qui assigne les objets du désir à l'enfant par un ensemble de récompenses et de punitions, essentiellement symboliques. C'est cet accord tacite, toujours-déjà construit depuis les premiers jours, qui caractérise les liens familiaux : dans les familles, « ça va sans dire », non pas par une sorte de lien mystérieux et inné, mais parce que cela a *déjà* été dit. Pour illustrer les passions qui naissent du ouï-dire, Spinoza prend l'exemple des enfants qui désirent une chose dont ils ignorent tout, sous le seul prétexte qu'ils ont entendu leur père – encore lui – dire qu'elle était bonne (*CT* IIe partie chap. III § 5). La reproduction de l'ordre symbolique qui structure les familles est ainsi assurée sans avoir même à recourir à un schéma éducatif intellectualisé, du type de l'enseignement, ni à un modèle du commandement autoritaire exigeant l'obéissance. Parler, c'est prescrire sans le vouloir. Nul doute que le repérage de la « beauté » qui l'emporte sur les autres ne se fonde sur un sens pratique incorporé sur la base des indications quotidiennes faites en toute innocence par les parents.

Peut-être faudrait-il ajouter ici le rôle joué par l'imitation des affects. On aurait là la matière pour une éducation qui se passerait même de mots, et qui rendrait également compte du pouvoir des mots sur l'enfant. Le sourire de satisfaction qui se peint sur le visage des parents à l'occasion d'un exploit – ou de ce qui passe à leurs yeux pour tel – de leur enfant produit en celui-ci le même sourire de satisfaction, qu'accompagne non seulement la joie imitée des parents, mais aussi la joie d'avoir été la cause de la joie (*E* III 34). Le fait est que Spinoza prend l'exemple d'un enfant pour prouver expérimentalement sa théorie de l'imitation des affects (*E* III 32 sc.) mais, fait également remarquable, il dit bien que l'enfant imite l'expression physique, puis les actions, et enfin les désirs « des autres », pas seulement des parents. Qui se ressemble s'assemble, mais on n'imite pas seulement ceux dont on a dit qu'ils nous ressemblaient. Reste que les « autres » qui nous entourent le plus et le plus tôt, ce sont le plus souvent ceux dont on nous a dit qu'ils étaient nos parents.

Le lien durable qui se noue dans la famille, par-delà les dissensions voire les disputes, repose donc sur une même manière, socialement établie, mais singulière car relative à l'histoire familiale, d'évaluer, de juger, de sentir, bref, un certain *habitus* commun, parfaitement arbitraire du point de vue de la raison, absolument non fondé en nature sur un sens moral inné, mais constitué selon les lois de la nature humaine. Il faut, pour expliquer la formation de cet *habitus* commun, comprendre la logique affective naturelle de la gloire,

5. Sur cette éducation, opposée à la « bonne » éducation, voir P. Sévérac, *Renaître. Enfance et éducation à partir de Spinoza*, Paris, Hermann, 2021.

de l'envie, de l'imitation des affects, prendre en considération la plasticité des dispositions du corps et notamment du cerveau, autant de choses qui n'expliqueront cependant jamais la formation de ce que Spinoza appelle un *ingenium*, dont les causes sont si nombreuses qu'il vaut mieux se contenter de l'expérience[6] et le rapporter à des décisions des hommes.

Il va de soi que cette communauté d'intérêts et de désirs, qui est aussi une communauté de valeurs, fait naître l'amour : on éprouve de la joie qu'accompagne l'idée d'une cause extérieure dont on a dit qu'elle était notre enfant ou nos parents. Néanmoins, cet amour, à l'instar de l'amour sensuel entre les parents, se change facilement en haine, et la concorde, en discorde. Il suffit d'intérêts divergents pour que le lien familial se dissolve – un héritage suffit à dissoudre le « cocon ». Il apparaît donc que ce qui tient les familles est à peu près le même ressort que celui qui tient les peuples : les relations d'intérêt – comme Spinoza le montre dans le cas du peuple hébreu (*TTP* XVII-25). Mais il ne faut pas sous-estimer la puissance des liens que constituent les *ingenia* constitués sous l'effet d'une éducation commune. Ces liens, quoique non biologiques, sont cependant inscrits dans les corps, sinon à l'instar de la circoncision pour les Juifs (*TTP* III-12), du moins à l'instar de leur discipline commune (*TTP* XVII-25). Ce sont ces liaisons d'affections qui rendent compte de la communauté d'intérêt, de l'entrain à obéir, ou bien encore des valeurs communes qu'on peut voir dans les familles.

Les liens familiaux ne relèvent pas de conventions, mais ils relèvent de la coutume. Proche de Pascal qui, à « l'amour naturel des enfants » que les parents craignent de voir s'effacer, oppose la suspicion que cet amour ne soit fondé que sur une « première coutume »[7], Spinoza s'en distingue cependant en ce qu'il ne semble pas s'en effrayer. Pascal anticipe l'effroi (« J'ai grand peur ») que pourrait être celui de son lecteur à la suspicion d'un monde de la seconde nature où les normes naturelles ne sont plus repérables, parce qu'il partage au moins avec lui la conviction qu'une telle norme transcendante existe et devrait être reconnue, n'était le péché originel[8]. Spinoza au contraire n'exprime aucune nostalgie d'un fondement naturel[9]. La « famille », entendue dans son sens moderne et européen, comme tout collectif, ça « n'existe pas » en dehors des processus génétiques qui lui donnent naissance, si bien que ça ne peut pas davantage ne pas exister, ces processus obéissant à des lois universelles et à une causalité historique déterminée. En dehors des essences singulières, qui ne sont en fait rien d'autre qu'un certain degré déterminé de changements que peut supporter une chose, le reste n'est que structures, sociales bien sûr, mais aussi anthropologiques. Aucune identité (personnelle, familiale, nationale...) n'est donnée avant d'être projetée dans l'être, étant entendu qu'on ne se projette pas mais qu'on est, le plus souvent, ballotté.

6. Sur ce point, voir P.-F. Moreau, *Spinoza. L'expérience et l'éternité*, *op. cit.*

7. Pascal, *Pensées*, M. Le Guern (éd.), « Folio », Paris, Gallimard, 2004, § 117.

8. Voir à ce propos la pensée 56 : « Il y a sans doute des lois naturelles, mais cette belle raison corrompue a tout corrompu ».

9. Voir F. Lordon, *La condition anarchique*, Paris, Seuil, 2018.

On peut appeler cela « naturalisme » si l'on veut, ou « matérialisme », ou bien encore une pensée du « transindividuel » [10] : de fait, ce sont les interactions, en tant qu'elles sont toujours-déjà structurées à la fois par des lois de la nature et une histoire faite corps, qui produisent les êtres et leur « nature » [11]. On n'opposera donc pas, dans une perspective spinoziste, nature et culture. La famille n'est pas une réalité existant par nature, et n'est pas simplement explicable par une causalité biologique ou évolutionniste. Elle n'est pas davantage une réalité culturelle, arbitraire et purement symbolique. Elle est un produit nécessaire – et nécessairement divers – de séries causales univoques mais multiples. En ce sens, elle est naturelle, même si elle n'existe pas par nature.

Si l'on oppose nature et culture, c'est parce qu'on confond « la nature » avec « l'environnement » ou « les données biologiques » : commence alors le débat entre déterminisme naturaliste et culturalisme relativiste. En réalité, « la nature » désigne plus simplement la puissance causale de production d'effets. La famille répond à un effort pour persévérer dans son être en tant qu'il est naturellement affecté par des choses extérieures, affections qui fonctionnent comme signes et comme causes, puisqu'être une chose, c'est être une puissance causale. La famille est donc bien un *produit*, un *effet*, de la nature, mais cela n'implique pas du tout qu'elle soit seulement l'effet de processus biologiques ou environnementaux (au sens du milieu géographique). Elle assure la survie et même l'augmentation de puissance, mais elle le fait selon des imaginaires sociaux qui ont eux-mêmes leur histoire, selon des séries causales plus ou moins indépendantes de considérations biologiques ou géographiques, mais naturelles au sens où elles sont des causes.

Jacques-Louis Lantoine
IHRIM-ENS de Lyon

10. E. Balibar, *Spinoza politique. Le transindividuel*, Paris, P.U.F., 2018, notamment la deuxième partie.
11. Voir à ce sujet C. Jaquet, *Les transclasses, ou la non-reproduction*, Paris, P.U.F., 2014.

LES INTROUVABLES DES CAHIERS

MAUDSLEY, SPINOZA ET LES « MACHINES PENSANTES »

Né en 1835 et mort en 1918, Henry Maudsley est un médecin psychiatre anglais dont le nom serait ignoré du grand public s'il n'avait pas été le principal donateur et fondateur du Maudsley Hospital, situé à Londres. Longtemps rédacteur en chef de la revue *Journal of Mental science* (aujourd'hui intitulée *British Journal of Psychiatry*), il a pourtant joué un rôle important dans la constitution de la psychiatrie moderne et de la criminologie, et a joui d'une certaine renommée de son vivant. Il est par exemple cité par Durkheim dans *De la division du travail social*[1].

S'inscrivant dans le courant positiviste (il cite régulièrement Comte), il s'insurge contre la méthode introspective en psychologie, au profit de la méthode expérimentale et de l'étude physiologique de l'esprit. Il ne tarit pas de critiques contre la métaphysique, au nom d'une conception matérialiste[2], quoique non réductionniste, de l'esprit. Les termes « cerveau » et « âme » ou « esprit »[3] désignent la même réalité, mais de deux points de vue différents : la substance ou l'organe d'un côté, la fonction de l'autre. Le cerveau ne secrète pas la pensée comme le foie secrète la bile, mais plutôt comme le muscle secrète la force[4]. Le titre d'un de ses ouvrages les plus célèbres doit être entendu en ce sens : *The Physiology of the Mind*[5] (1876), d'abord publié sous le titre *The Physiology and Pathology of the Mind* (1867), et traduit en français en 1879 sous le titre *Physiologie de l'esprit*, a pour but d'étudier les fonctions de l'esprit en rapport avec ses conditions organiques.

1. É. Durkheim, *De la division du travail social*, Paris, P.U.F., 2007, p. 64-65.
2. H. Maudsley, *Le crime et la folie*, Paris, Alcan, 1888, p. 15.
3. Le mot *mind* en anglais pose les mêmes problèmes de traduction que le mot *mens* en latin : il n'est pas synonyme de *soul*, ni de *spirit*, mais le français n'a que « âme » et « esprit » pour traduire ces trois termes. Le problème tel qu'il se pose pour traduire Spinoza est étudié par P.-F. Moreau dans *Problèmes du spinozisme*, « Le vocabulaire psychologique de Spinoza », Paris, Vrin, 2006, p. 101 *sq.*
4. Il discute cette expression attribuée à Cabanis au début du chap. II de *La physiologie de l'esprit*. Pour le statut de l'esprit par rapport au cerveau, voir notamment chap. II, le début. Nous nous appuierons sur les éditions suivantes : H. Maudsley, *The Physiology of the Mind*, New York, Appleton and Co, 1878 ; H. Maudsley, *La physiologie de l'esprit*, trad. fr. A. Herzen, Paris, Reinwald et Cie, 1879. Notons au passage que le traducteur, Alexandre Alexandrovitch Herzen, fils du célèbre essayiste et révolutionnaire Alexandre Ivanovitch Herzen, est lui-même l'auteur d'une *Physiologie de la volonté* (publiée d'abord en italien en 1871 puis traduite en français en 1874). Dans notre introduction, les traductions sont de notre fait. Le livre est consultable sur internet en anglais et en français aux adresses suivantes : https://archive.org/details/physiologyofmind00mauduoft/page/n7/mode/2up ? view=theater ; https://gallica.bnf.fr/ark : /12148/bpt6k67961k.texteImage
5. Sur cette expression, courante au XIXe siècle et dont il ne faut pas surdéterminer la portée matérialiste, voir la note 592 p. 254 de la thèse de J.-M. Chevalier, *Les lois de l'esprit chez Charles S. Peirce*, soutenue le 15 mai 2010 à l'université Paris-Est sous la direction de Claudine Tiercelin, consultable en ligne : http: // doxa.u-pec.fr/theses/th2010PEST0013.pdf.

Comment expliquer qu'un positiviste matérialiste, favorable à la méthode expérimentale pour mener l'étude de l'esprit, cite abondamment Spinoza[6] ? C'est là une question qui fait écho au paradoxe soulevé par Raphaële Andrault : Spinoza est certainement l'auteur de l'âge classique auquel des physiologues, médecins, neuroscientifiques, ont fait le plus continuellement et favorablement référence, alors même qu'à la différence de Descartes ou de Malebranche, il n'a jamais développé de physiologie détaillée[7]. Comme on le lira ci-dessous, Maudsley lui reprochera d'ailleurs d'avoir employé la méthode géométrique plutôt que la méthode inductive, et de ne pas avoir cherché les fondements physiologiques des passions. C'est néanmoins la seule critique qui lui est faite, après avoir chanté ses louanges ; et même si Locke, Bacon ou Hobbes sont également cités dans l'ouvrage, Spinoza occupe une place privilégiée.

Le combat théorique que mène Maudsley dans cet ouvrage explique ce privilège accordé à la philosophie de Spinoza : il s'agit avant tout de combattre le finalisme et d'affirmer un nécessitarisme, jusque dans les fonctions intellectuelles regardées comme les plus élevées. Le finalisme rejeté est celui relatif à la nature, mais également celui relatif à l'action humaine. Le primat de la conscience, de la volonté comme faculté d'agir librement d'après des fins qu'on se représente, et la représentation d'un monde ordonné par un Dieu artisan, constituent la cible privilégiée de Maudsley, et c'est jusque dans le lien entre ces deux préjugés qu'il se révèle spinoziste : les hommes croient qu'un Dieu a pourvu à l'utilité des êtres parce qu'ils constatent que des créatures pourtant inconscientes et qu'ils n'ont pas eux-mêmes fabriqués agissent en harmonie avec des fins. Ils interprètent la nature à partir d'un schéma finaliste que la conscience de leurs actions insinue dans leur esprit. Maudsley paraphrase ainsi à plusieurs reprises, parfois sans le citer, l'appendice d'*Éthique* I.

Le combat contre le finalisme est indissociable d'une lutte contre l'introspection et la trop grande confiance accordée au témoignage de la conscience en matière de connaissance de l'esprit : « celui qui croit illuminer tout l'éventail et la profondeur des fonctions mentales par la lumière de sa propre conscience n'est pas sans ressembler à celui qui s'en va illuminer l'univers avec une chandelle[8] ». La conscience est davantage source d'illusions sur soi-même que condition et caractéristique essentielle de la pensée. Maudsley passe son temps à défaire le privilège accordé à la conscience : « un homme ne serait pas moins une bonne machine pensante avec ou sans la conscience[9]. »

6. En français d'abord (dans la traduction d'É. Saisset), puis en anglais, après la première publication d'une traduction dans cette langue par R. Willis, *Spinoza. His Life, Correspondence and Ethics*, London, Trübner and Co, 1870. Une autre traduction de l'*Éthique* avait déjà été rédigée par George Eliot, mais elle n'avait pas été publiée. Ce qui est intéressant, c'est que la romancière évoluait dans un cercle lui aussi très influencé par le positivisme de Comte. C'était le cas notamment de son compagnon, Henry Lewes, auteur de plusieurs articles sur Spinoza. Clare Carlisle a récemment publié cette traduction, et son introduction rappelle que c'est d'abord le romantisme, puis les positivistes, qui ont redécouvert Spinoza en Angleterre : Spinoza, *Ethics*, trad. angl. G. Eliot, éd., introd., notes et appendices de C. Carlisle, Princeton, Princeton University Press, 2020.

7. R. Andrault, « Spinoza's Missing Physiology », *Perspectives on science*, vol. 27, no. 2, 2019, p. 214-243. Voir aussi, de la même auteure, *La vie selon la raison. Physiologie et métaphysique chez Spinoza et Leibniz*, Paris, Honoré Champion, 2014.

8. H. Maudsley, *Physiology of the Mind*, *op. cit.*, p. 45.

9. *Ibid.*, p. 25.

Il en va de même de l'automate spirituel spinoziste, même si, chez Spinoza, la conscience de soi, de Dieu et des choses joue un rôle éthique, une fois développée la *connaissance* de soi, de Dieu et des choses.

La réduction de l'activité humaine à des mécanismes ou à des automatismes a toujours pour rôle de dénoncer les préjugés intellectualistes et volontaristes de l'action, au profit d'une explication par les causes efficientes, qui sont identifiées par Maudsley à des causes organiques. C'est ainsi que la référence à *E* III 2 sc. intervient à propos des expériences pratiquées sur des animaux décapités : ce qui semble intelligent et finalisé peut s'expliquer par les seules lois du corps, étant entendu qu'ici, Maudsley donne à l'argumentation spinoziste une allure matérialiste en accordant une causalité du corps sur les fonctions de l'esprit, ce qui n'a rien de spinoziste[10]. Comme Spinoza, mais pour des raisons exclusivement physiologiques et non métaphysiques[11], il accorde la pensée aux animaux, mais nie que la conscience est à l'origine de l'action :

> L'acte, quel que soit son dessein, est le résultat nécessaire d'une certaine constitution, innée ou acquise, des centres nerveux, et ne dépend ni de la volition, ni de la conscience. Savoir si la conscience existe ou non comme accompagnement est une autre question ; l'automatisme n'exclut pas nécessairement la conscience : et il est certainement concevable que certains animaux soient des automates conscients, et que, bien qu'ils agissent avec une nécessité mécanique, ils sentent le plaisir et éprouvent la douleur en faisant ce qu'ils font[12].

Sans aller jusqu'à faire comme le physiologiste allemand Joannes Müller qui, dans son *Handbuch der Physiologie des Menschen*[13], recopie intégralement la troisième partie de l'*Éthique* consacrée aux passions, disant qu'il n'a rien à ajouter, Maudsley loue également Spinoza pour cet exposé. Cette référence, qui vaut pour elle-même (sur la nature des émotions et des idées), trouve aussi son motif fondamental dans un accord plus large concernant la nature et la nécessaire naturalisation de l'action. Il faut en effet débusquer les moindres traces de ce qui est moins de la métaphysique – car après tout, Spinoza fait bien de la métaphysique – que des approches *anthropomorphiques* de la métaphysique, de la biologie, de la physique et de l'anthropologie, étant entendu que l'anthropomorphisme consiste non pas à projeter l'image de l'homme dans ce qui lui est autre, mais à projeter ce que l'homme *croit* être l'homme dans toutes les réalités de la nature, y compris lui-même. Et cette image de l'homme est encore une fois déterminée par le schéma finaliste de l'action.

La place manque ici pour présenter tous les passages où la référence à Spinoza est plus discrète voire implicite, ou ceux dans lesquels Maudsley

10. Sur l'absence de causalité entre le corps et l'esprit, *E* III 2 et son scolie, qui ne vise pas seulement à contredire la causalité de l'esprit sur le corps, mais également du corps sur l'esprit.

11. Encore faut-il se rappeler que chez Spinoza, les aptitudes de l'esprit sont relatives aux aptitudes du corps, E II 13 sc. par ex. Concernant les rapports corps – esprit chez Spinoza, on se reportera notamment à C. Jaquet, *L'unité du corps et de l'esprit. Affects, actions et passions chez Spinoza*, Paris, P.U.F., 2004, et C. Jaquet, P. Sévérac, A. Suhamy (dir.), *La théorie spinoziste des rapports corps/esprit et ses usages actuels*, Paris, Hermann, 2009.

12. H. Maudsley, *Physiology of the Mind*, *op. cit.*, p. 238.

13. J. Müller, *Handbuch der Physiologie des Menschen*, Zweiter Band. Coblenz, Verlag von J. Hölscher, 1840.

rencontre, peut-être sans le savoir et sans le vouloir, la pensée spinoziste. C'est d'abord le traitement de l'idée comme une force, et de l'esprit comme un champ de forces, que Maudsley rattache en passant à Spinoza à travers la référence à la lettre à Balling, où Spinoza raconte la permanence de l'image de ce dont il venait de rêver[14]. La référence à la mémoire comme ensemble de « traces » ou de « vestiges » que l'élément organique « retient » et qui produisent des « dispositions », occupe une place centrale, tant est important le rôle assigné par Maudsley à la structuration de l'esprit par l'expérience et l'éducation, rôle qui doit être expliqué organiquement. Cette mémoire du corps est illustrée par l'exemple du somnambule, ou de cet homme qui peut en dormant s'exprimer avec une éloquence dont il est parfaitement incapable en état de veille, ou bien encore par ces artistes et inventeurs dont le génie s'explique moins par l'activité de la conscience que par le travail qui s'est incorporé en eux[15]. Ces passages font singulièrement penser, jusque dans le vocabulaire employé, à *E* II post. 5 qui suit la proposition 13, *E* II 18 et son scolie, *E* III post. 2 ainsi qu'*E* III 2 sc. À ce propos, Maudsley développe alors une véritable psychosociologie de l'homme comme automate, pas toujours très spirituel, même s'il est pensant :

> Pour autant qu'on connaît leur éducation, leur position et leurs occupations, il n'est pas besoin d'une longue conversation avec les gens ordinaires pour se sentir assez confiant quant aux opinions qu'ils vont exprimer sur quelque sujet social, politique ou religieux, qui sera abordé en leur présence. Se rendre quotidiennement à la ville par le train, et écouter la conversation habituelle des hommes d'affaires qui vont au travail, devient aussi pénible que de regarder les opérations d'une machine à battre le blé, car le résultat est presque aussi automatique dans un cas que dans l'autre[16].

C'est après avoir naturalisé la volonté – le désir éclairé par l'intelligence – que Maudsley révèle ce qui va de pair avec son antifinalisme et son refus de traiter l'homme comme un empire dans un empire : son monisme, d'obédience matérialiste. Il déclare en effet : « il n'y a pas deux mondes, un monde de la nature physique et un monde de la conscience humaine, se tenant l'un en face de l'autre, mais il y a un monde de la nature dont sa vie consciente est une manifestation »[17].

L'ensemble de ces idées conduira Maudsley à produire une conception de la folie qui n'exclut pas les fous de l'humanité, mais qui explique leurs comportements par un différentiel défavorable dans la force des idées du bien et du mal[18]. Aussi faut-il traiter humainement les fous : ils ne sont pas responsables, et leur état n'est pas l'effet d'une punition divine. La séparation

14. H. Maudsley, *Physiology of the Mind*, *op. cit.*, p. 292.
15. *Ibid.*, p. 27-33. Voir aussi p. 270.
16. *Ibid.*, p. 312.
17. *Ibid.*, p. 457.
18. H. Maudsley, *Le crime et la folie*, *op. cit.* Nous ne pouvons pas ici développer une comparaison des statuts et des raisons de la folie chez Maudsley et Spinoza. Notons simplement que les actions des « déments » (*E* II 49 sc.), à l'instar de celles des « sots », des « enfants » ou encore de celui qui se laisse mourir de faim et de soif à égale distance de nourriture et de boisson, s'expliquent à la fois par une certaine disposition de l'âme relative à (mais pas causée par) une certaine disposition du corps (*E* II 13 sc.).

de l'âme et du corps a conduit à traiter la folie autrement que comme une maladie, qui devait pourtant, comme toute autre, recevoir des soins. Les mauvais traitements ont au contraire accru la folie. On y retrouve des accents très spinozistes, comme cette remarque selon laquelle celui qui cherchait à connaître les causes de la folie par l'observation physique et médicale était accusé de blasphémateur et d'hérétique, ou bien encore celle selon laquelle les fous, loin de n'avoir pas *voulu* contrôler leurs actes, ne l'ont pas *pu*. L'enjeu est bien entendu de discuter de leur responsabilité [19].

On omettra ici tout ce que les écrits de Maudsley peuvent avoir de daté : préjugés concernant les peuples non européens ou les classes populaires, dont la soi-disant infériorité est naturalisée par des considérations biologiques douteuses sur les circonvolutions moins développées de leur cerveau; applications un peu naïves de la philosophie comtienne; darwinisme qui s'appuie sur l'hérédité des acquis; caractère assez flou de la physiologie elle-même. Ce qui importe ici, c'est de constater qu'il y a de cela 150 ans environ, un médecin psychiatre s'est intéressé à Spinoza, comme ce fût récemment le cas d'Antonio Damasio [20], et comme c'est encore le cas aujourd'hui avec l'ouvrage de Henri Atlan intitulé *Cours de philosophie biologique et cognitiviste* : *Spinoza et la biologie actuelle.* Comme Jean-Pierre Changeux dans *L'homme neuronal* [21], Maudsley le place en exergue de certains chapitres. Celui qui passait pour l'homme « ivre de Dieu » auprès des romantiques allemands, et qui n'a jamais eu l'ambition de développer une théorie précise et détaillée du corps humain et de ses fonctions, a pu ainsi nourrir et servir de référence à des médecins, biologistes, physiologues et neurologues pendant près de deux siècles.

Jacques-Louis Lantoine
IHRIM-ENS de Lyon

Nous publions ci-dessous quelques extraits de l'ouvrage Physiologie de l'esprit, *significatifs de l'usage que fait son auteur de Spinoza. La traduction de l'anglais par Alexandre Alexandrovitch Herzen a été revue et modifiée par nos soins (certaines notes de l'édition anglaise manquaient et certaines références étaient inexactes ou incomplètes : nous avons rétabli et traduit les premières, et complété les secondes; sauf mention contraire, toutes les notes sont de Maudsley).*

19. Précisons que l'irresponsabilité des fous ne conduit pas Spinoza à préconiser de les soigner. Il semble peu se préoccuper de leur sort, et s'ils sont dangereux, on a le droit de les égorger, à l'instar de cet homme devenu enragé suite à la morsure d'un chien (*Correspondance*, trad. fr. M. Rovere, Paris, GF-Flammarion, 2010, Lettre 78).

20. A. Damasio, *Looking for Spinoza. Joy, Sorrow, and the Feeling Brain*, Orlando, Harcourt, 2003.

21. J.-P. Changeux, *L'homme neuronal*, Paris, Fayard, 1983.

PHYSIOLOGIE DE L'ESPRIT
Extrait du chap. III
« La moelle épinière et l'action réflexe »

Pflüger toucha avec de l'acide acétique, au-dessus du condyle interne, la cuisse d'une grenouille décapitée; la grenouille essuya l'acide avec la face dorsale du pied correspondant; Pflüger coupa alors ce pied, et appliqua de nouveau l'acide au même point; la grenouille essaya de l'essuyer de nouveau avec le même pied, et n'y réussit évidemment pas. Après quelques efforts infructueux, elle sembla inquiète, agitée, « comme si elle cherchait un nouveau moyen ». Enfin, elle utilisa le pied de l'autre jambe pour essuyer l'acide, avec succès. Puis, l'animal resta immobile pendant des heures entières, sans faire aucun mouvement spontané; une nouvelle irritation pouvait seule en provoquer. Cette expérience frappante nous donne le spectacle non pas de contractions de muscles isolés, mais de mouvements combinés, se suivant avec ordre pour atteindre un but spécial. Ce sont là des actes qui, en apparence, sont inspirés par la volonté et guidés par l'intelligence, et qui pourtant s'accomplissent chez un animal auquel on a enlevé l'organe qui est reconnu comme étant le siège de ces deux fonctions. Pflüger fut si vivement frappé par cette admirable adaptation des moyens à une fin dans un corps sans tête, qu'il en déduisit que la moelle épinière possède, à l'égal du cerveau, des fonctions sensorielles. Mais nous n'avons aucune preuve que la grenouille sente l'irritation. Tout ce que nous savons avec certitude, c'est que l'irritation produit des réactions déterminées. D'autres auteurs, tout en n'admettant pas la supposition de Pflüger relativement à l'homme, ont pensé qu'elle pouvait être acceptée pour quelques animaux inférieurs. Au lieu de baser leur interprétation des phénomènes compliqués observés chez l'homme sur les phénomènes plus simples offerts par les animaux inférieurs, ils ont appliqué à ces derniers leur interprétation biaisée des premiers [1].

1. Eduard Wilhelm Friedrich Pflüger compare les mouvements d'un animal décapité avec ceux d'un homme endormi, jugeant que leurs mouvements respectifs étaient conscients. Il chatouilla la narine droite d'un garçon endormi; celui-ci la frotta avec sa main droite : quand Pflüger chatouilla la narine gauche, le gamin la frotta avec sa main gauche. S'il tenait la main droite du dormeur sans le réveiller, et chatouillait sa narine droite, le garçon faisait une première tentative pour la frotter avec sa main droite, mais cela ne marchant pas, il utilisait la main gauche. « Les grillons procèdent à la parade nuptiale en faisant vibrer leurs ailes, même après décapitation; Redi, Bibiena, et d'autres, ont observé que les papillons, après s'être accouplés une seule fois dans leur vie, répètent la fonction plusieurs fois quand ils sont décapités, et les femelles, après l'accouplement, déposent leurs œufs aussi précautionneusement que si elles y étaient déterminées par leur instinct ». J. A. Unzer, *The Principles of Physiology*, trad. angl. T. Laycock, suivi de G. Prochaska, *A Dissertation on the Functions of the Nervous System*, London, Sydenham Society, 1851, p. 287. Ainsi, le battement des ailes d'une femelle papillon excite l'organe sexuel du mâle, à condition que la voie ait été tracée par un acte sexuel passé; car il ne produit aucun effet si un accouplement n'a pas eu lieu au moins une fois avant la décapitation. La première fois, un stimulus sensoriel doit co-opérer avec le stimulus simplement réflexe; ce dernier suffit ensuite. La citation suivante est de Spinoza, traduit par Saisset : « Personne, en effet, n'a déterminé encore ce dont le corps est capable; en d'autres termes, personne n'a encore appris de l'expérience ce que le corps peut faire et ce qu'il ne peut pas faire, par les seules lois de la nature corporelle et sans recevoir de l'âme aucune détermination ». Il ajoute [en anglais, NDLR] : « Et il ne faut point s'étonner de cela, puisque personne encore n'a connu assez profondément l'économie du corps humain », et prend comme exemple

Il est évidemment permis de tirer une autre conclusion de l'expérience de Pflüger, complètement différente de la sienne : le soi-disant dessein d'un acte n'implique pas nécessairement la présence d'une volonté, d'une préméditation ou d'une conscience; et des actions « apparemment dictées par une conscience pré-déterminante » peuvent cependant s'accomplir sans conscience[2]. Sans doute les mouvements de la grenouille mutilée ont un but défini, comme c'est le cas des mouvements qu'exécutent les lèvres de l'enfant anencéphale, des mouvements respiratoires de l'homme et des animaux, ou de ceux qui produisent la toux, l'éternuement, la déglutition; mais, dans tous ces exemples, l'action coordonnée est le résultat d'une constitution nerveuse innée, un don naturel des centres nerveux. La faculté d'exécuter les mouvements que la grenouille accomplit pour la conservation de soi résident dans le mécanisme physiologique de sa moelle épinière; elle en a hérité comme d'une partie de sa nature, et sans elle, elle ne pourrait vivre plus d'une journée. Il suit de là que la grenouille agit nécessairement et aveuglément; quoiqu'elle ait perdu une patte, elle essaie encore de s'en servir, ce qu'elle ne ferait évidemment pas si elle avait une conscience intelligente; et elle ne recourt à un autre moyen que lorsque l'irritation, n'étant point atténuée par des efforts inutiles, continue à la stimuler. [...] La constitution de la moelle épinière contient les capacités requises pour de telles forces coordonnées, et la persistance de l'irritation détermine l'extension de l'activité. Le stimulus s'irradie. Mais cela a évidemment lieu sans que la grenouille en ait conscience, que l'on veuille accorder ou non un certain degré de conscience à la moelle épinière. La préméditation dans ce mouvement est du même type que la prédétermination qu'il y a dans la formation d'un cristal ou dans la croissance d'un arbre. Un cristal ne peut pas enfreindre les lois d'où résulte sa forme, pas plus qu'un arbre ne peut croitre jusqu'au ciel. Pourtant, les particules d'un cristal s'agrègent d'après un plan défini, et semblent manifester ainsi un véritable dessein. Devons-nous pour cela admettre que la formation du cristal et la croissance de l'arbre sont accompagnées de conscience? Non certes; et pourtant, c'est à cette conclusion abusive qu'aboutissent logiquement les arguments de ceux qui considèrent le soi-disant dessein d'un acte comme attestant la présence d'une

les actes merveilleux des animaux et des somnambules, « toutes choses qui montrent assez que le corps humain, par les seules lois de la nature, est capable d'une foule d'opérations qui sont pour l'âme jointe à ce corps un objet d'étonnement. [...] J'ajoute enfin que le mécanisme du corps humain est fait avec un art qui surpasse infiniment l'industrie humaine ». Le lien qui associe plusieurs mouvements – comme, par exemple, ceux du cœur, de l'œil, de la respiration – réside tout entier dans la conformation des centres nerveux; la sagesse ou le dessein est manifesté dans l'arrangement primaire, d'après lequel les réactions de l'organisme qui en suivent nécessairement assurent, *en général*, la promotion de son bien-être.

2. Sous ce rapport, les observations de Prochaska, publiées en 1784, sont très intéressantes « *Cum itaque precipua functio sensorii communis consistat in renexione impressionum sensoriarum in motorias, notandum est quod* ista reflexio vel anima inscia vel vero anima conscia fiat. [souligné dans le texte] ». Il donne de nombreux exemples, qui, depuis, ont été souvent répétés par d'autres, et ajoute : « *Omnes istee actionea ex organismo et physicis logibus sensorio communi propriis fluunt, suntque propterea spontaneae et automaticae* ». G. Prochaska, *Commentatio de Functionibus Systematis Nervosi*, Prague, 1784, p. 88 [NDT : trad. angl. *in* J. A. Unzer, *The Principles of Physiology, op. cit.*]. Il faut se rappeler que Prochaska comprenait la moelle épinière dans la dénomination de *sensorium commune*. Les observations suivantes de Unzer indiquent la même manière de voir : « Ce qui en elles nous apparait comme volontaire, ne fait en réalité que nous *apparaître* comme tel, parce que nous concluons de la nature et de la manière d'agir de notre esprit à celles des autres animaux. Ce qui semble avoir un but est simplement préordonné par la nature ». J. A. Unzer et G. Prochaska, *The Principles of Physiology, op. cit.*, p. 323.

conscience. Le dessein d'un acte n'est autre chose que le corrélat dans l'esprit de l'observateur, de la loi de la matière dans la nature. Chaque observateur verra en n'importe quelle occasion la quantité précise de finalité qu'il projette en proportion de sa disposition à en voir. [...]

En s'efforçant de déterminer si la moelle est douée de sensation et de volonté, on remarquera que, dans un mouvement volontaire et conscient, la partie dont nous sommes vraiment conscients est minuscule. Nous en connaissons la finalité, le but, et nous savons que nous donnons l'ordre de l'accomplir; mais l'exécution elle-même est abandonnée au mécanisme organisé, inné ou acquis, des centres moteurs et de leurs connexions. La partie principale d'un acte volontaire, est, en effet, l'action automatique de la moelle, et la volonté, dans l'accomplissement de ses actes, dépend absolument de ce mécanisme automatique, tandis que le mécanisme réflexe peut fonctionner indépendamment de la volonté. Donc, l'action consciente a besoin de l'action automatique, tandis que celle-ci n'a aucun besoin de celle-là. La conscience est pour ainsi dire un luxe, pour ce qui touche l'exécution d'un acte; lorsqu'elle ne manque pas, elle est tout au plus un effet concomitant. Au lieu d'attribuer la conscience aux fonctions de la moelle épinière, la nature nous enseigne au contraire de procéder à l'inverse : soustraire d'un acte volontaire la grande partie qui en est automatique et qui, l'impulsion une fois donnée, s'accomplirait tout aussi bien sans la conscience. Personne n'ignore que l'impulsion à un acte qui était la première fois volontaire peut être un stimulus extérieur s'il est devenu habituel; des mouvements, d'abord exécutés consciemment, deviennent souvent inconscients, et sont accomplis en réponse à des stimuli externes. Nous nous débarrassons de l'irritation d'un point quelconque de notre corps, par exemple d'une mouche qui se promène sur notre front, sans en avoir aucune conscience, à moins que nous n'y pensions ensuite. Nous n'avons certainement pas d'idée claire de la localisation de l'irritation, ni du caractère, ni de la mesure de la contraction musculaire que nous exécutons. Il est même difficilement imaginable qu'une vague conscience ou l'ombre d'une idée puisse suffire à engendrer une réaction aussi bien adaptée et aussi précise; c'est néanmoins ce que l'on est forcé d'admettre, si l'adaptation dépend nécessairement de la conscience. Devons-nous, en fin de compte, opter pour l'hypothèse la moins probable et reconnaître à la moelle une conscience exacte? C'est bien là, pourtant, ce qu'implique la croyance que la moelle épinière sent les impressions et y répond par des mouvements distinctement intentionnels. Le mécanisme organisé est le véritable agent automatique, et nous verrons plus loin que la faculté d'exécuter l'acte a été organisée en lui, construit et déposé dans sa nature, pour ainsi dire, par l'entraînement et l'expérience. [...]

C'est à cause de l'adaptation de ces mouvements à un but, à cause du dessein qu'ils manifestent, que beaucoup de personnes ont tant de difficulté à les considérer comme purement réflexes et inconscients. Elles semblent avoir une invincible répugnance à se persuader que la propriété de réagir conformément aux circonstances est une propriété fondamentale de la matière organique vivante, et que le dessein conscient lui-même n'est qu'une manifestation de cette propriété dans les centres nerveux supérieurs.

On aurait évité bien des théories stériles si l'on avait bien voulu se rendre clairement compte de ce qu'un dessein est en réalité. On a dit, et cette opinion a eu souvent beaucoup de succès, que l'âme travaille inconsciemment à l'édification de l'organisme, ce qui suppose forcément qu'un agent ou principe intelligent est immanent à la matière organique, qui traverse une série de changements bien définis. Mais s'il en est ainsi pour le développement d'un animal, pourquoi en serait-il autrement pour la croissance d'un arbre? Celle-ci ne réalise-t-elle pas, elle aussi, un plan défini, en s'adaptant sagement aux circonstances? S'il en est ainsi pour la formation d'un organe, pourquoi en serait-il autrement pour celle d'un composé chimique, qui a, lui aussi, des propriétés caractéristiques? La fonction est le résultat nécessaire d'une certaine structure organique définie soumise à certaines conditions et, dans ce sens, elle nécessite une aide pour en favoriser le bien-être[3]. Mais une action organique, quelque beau que puisse être le dessein manifesté par elle, peut, à la suite d'un changement de conditions, devenir aussi désastreuse qu'elle est habituellement bénéfique : les mouvements péristaltiques de l'intestin, servant à un but si essentiel à l'économie de l'organisme, peuvent devenir et, de fait, deviennent, dans certains cas d'obstruction, la cause de souffrances insupportables et d'une mort douloureuse. Quel est donc le dessein de leur fatale continuation? [...]

L'idée de finalité est en réalité une conception que nous tirons de notre expérience répétée de la loi de la matière – loi qui s'accomplit nécessairement, fatalement, aveuglément dans les effets – et dans laquelle nous projetons notre expérience de faits ou de finalités voulus par nous et accomplis non pas directement, mais indirectement, par l'intermédiaire d'étapes ou de moyens. Nous n'avons pas pour habitude de parler d'un effet immédiat comme étant le but ou le dessein de la cause – par exemple, le dégagement de chaleur n'est pas regardé comme le but de la combustion, ni les propriétés chimiques d'un composé comme le but de l'union des éléments. Mais lorsqu'une cause produit des effets, qui, à leur tour, deviennent la cause d'effets ultérieurs, et finissent ainsi par arriver à un résultat défini, ou bien lorsqu'un concours de circonstances conduit à un fait, alors nous identifions dans la série de phénomènes ou dans le concours des conditions ce qu'on nomme une adaptation de causes et de conditions à l'effet final; nous disons alors que ce dernier est leur but ou leur dessein, parce que, si nous l'avions consciemment voulu et produit nous-mêmes par une série analogue de moyens, nous aurions raison d'affirmer qu'en agissant ainsi, tel a été notre dessein. Pourvu que nous voyions qu'il aboutit à un effet défini, plus le procédé est complexe, plus aussi le dessein

3. Il faudrait renverser la méthode de nos recherches et de nos conclusions, et, au lieu de découvrir les opérations de l'âme dans le processus de la croissance et du développement organiques, découvrir les propriétés de la matière que ce processus indique comme facteurs dans la formation de l'âme; nous devrions, en d'autres termes, prendre pied solidement sur les échelons inférieurs, avant d'essayer de monter plus haut. L'appropriation et la concentration de matière et de force opérée par la substance de l'élément organique naissant quand il s'est formé à partir de la matière inorganique, et qu'il continue à opérer aux dépens de celle-ci toutes les fois qu'il croit ou se multiplie dans les plantes ou dans les animaux, sont, sauf le degré de complexité, similaire à ce qu'un tissu d'ordre plus élevé, comme le tissu nerveux, fait lorsqu'il se développe d'un tissu d'ordre moins élevé; et c'est encore le même procédé, mais encore plus complexe, qui préside au développement de la structure et des fonctions mentales des centres cérébraux suprêmes.

qu'il paraît accomplir nous semble admirable. De là la surabondance de causes finales que l'on a voulu trouver dans la nature organique. Mais il est certain que, lorsque les hommes ont ainsi transféré à la nature l'expérience de leur travail toujours inachevé pour élaborer des moyens en vue d'une fin, et ont conclu à l'existence en elle d'un esprit semblable au leur, ils ont fait un dieu à leur image, ce qui le dépouille, comme dit Spinoza, de sa perfection : « Car si Dieu agit en vue d'une fin ou d'un but, il désire nécessairement quelque chose dont il est privé[4] ».

Il ne sera pas déplacé de remarquer ici que nous considérons habituellement d'une tout autre façon la matière morte et la matière vivante. Dans la matière morte, la forme est regardée comme un attribut de la matière, tandis que dans les corps vivants, la matière est traitée comme un attribut de la forme. Dans la nature inorganique, l'essentiel est la matière, et, dans la nature organique, l'essentiel est la forme. Nous ne pouvons pas nous défaire de l'idée d'une puissance mystérieuse, qui, dans la forme organique, contrôle l'activité et détermine la disposition de la matière, parce qu'il nous en coûte de renoncer à la croyance que la matière est inerte ou morte. Mais la matière n'est pas inerte. La plus minime particule de matière est un système compliqué d'atomes entraînés dans des mouvements très actifs et très complexes. Négliger l'étude précise des états et des combinaisons de la matière en tant qu'elles déterminent la forme organique n'est pas moins malavisé que d'accorder toute son attention à la matière dans la nature inorganique. Ne faisons pas de vains efforts pour séparer violemment ce qui dans la nature est inséparablement réuni. Cette maxime à l'esprit, nous serons moins exposés à retomber dans la vague et changeante doctrine des causes finales, qui a fait le plus grand mal à la science ou, pour parler avec Bacon, qui a curieusement fourvoyé la philosophie. Cette doctrine, quoique parfois absolument rejetée, et bannie à l'heure qu'il est des sciences les plus avancées, continue à exercer son action délétère en biologie, où il y a encore tant à découvrir et à éclaircir[5].

4. Spinoza, *Éthique*, partie I, appendice.

5. « C'est pourquoi il répondit correctement », écrit Bacon, « celui qui, voyant suspendus dans un temple les tableaux votifs de ceux qui s'étaient acquittés de leur vœu, après avoir échappé au péril d'un naufrage, et pressé de dire si enfin il reconnaissait la puissance des dieux, demanda en retour : "Mais où sont peints ceux qui périrent après avoir prononcé un vœu ? " ». Parlant des causes finales, dans lesquelles l'entendement humain retombe, il dit qu'elles « tiennent plus à la nature de l'homme qu'à la nature de l'univers », et qu'elles « sont à la source d'une corruption singulière de la philosophie ». *Novum organum*, § 46 et 48, trad. fr. M. Malherbe et J.-M. Pousseur, Paris, P.U.F., 2010. Dans le même sens, Spinoza écrit : « N'oublions pas de faire remarquer ici que les sectateurs de cette doctrine, qui ont voulu faire briller leur esprit dans l'explication des causes finales des choses, ont inventé, pour établir leur système, un nouveau genre d'argumentation, lequel consiste à réduire son contradicteur, non pas à l'absurde, mais à l'ignorance ; et cela fait bien voir qu'il ne leur restait plus aucun moyen de se défendre. Par exemple, supposez qu'une pierre tombe du toit d'une maison sur la tête d'un homme et lui donne la mort, ils diront que cette pierre est tombée tout exprès pour tuer cet homme. Comment, en effet, si Dieu ne l'avait fait tomber à cette fin, tant de circonstances y auraient-elles concouru (et il est vrai de dire que ces circonstances sont souvent en très grand nombre) ? Vous répondrez peut-être que l'événement en question tient à ces deux causes ; que le vent a soufflé et qu'un homme a passé par là. Mais ils vous presseront aussitôt de questions : Pourquoi le vent a-t-il soufflé à ce moment ? pourquoi un homme a-t-il passé par là, précisément à ce même moment ? Répondrez-vous encore que le vent a soufflé parce que, la veille, la mer avait commencé de s'agiter, quoique le temps fût encore calme, et que l'homme a passé par là parce qu'il se rendait à l'invitation d'un ami, ils vous presseront encore d'autres questions : Mais pourquoi la mer était-elle agitée ? pourquoi cet homme a-t-il été invité à cette même époque ? Et ainsi ils ne cesseront de vous demander la cause de la cause, jusqu'à ce que vous recouriez à la volonté de Dieu, c'est-à-dire à l'asile de l'ignorance. De même aussi, quand nos adversaires considèrent l'économie du corps humain, ils tombent dans un étonnement stupide, et comme ils ignorent les causes d'un art si merveilleux,

C'est en effet aux provinces les plus inaccessibles et les moins connues de la nature que l'intelligence humaine impose le plus facilement ses propres lois. Non seulement elle cherche en biologie une cause finale qui réponde à ses propres procédés; mais, une fois qu'elle l'a trouvée, ou plutôt créée, elle n'hésite pas à surajouter son propre attribut de conscience. De telle sorte que, partout où il y a apparence de dessein, fut-ce même dans la moelle épinière d'une grenouille décapitée, la conscience y est supposée. N'y a-t-il pas lieu de s'étonner qu'on ait encore trouvé aucun téléologiste pour soutenir que la cause finale de la lune consiste à remorquer les navires le long des rivières sujettes à la marée; ou que le but de la rougeur du sang humain est de faciliter la découverte des assassins qui le répandent?

Il n'y a aucune difficulté à admettre que la moelle épinière est un centre indépendant d'actions soi-disant intentionnelles qui ne s'accompagnent pas de conscience. Mais elle est le centre non seulement d'une activité coordonnée, dont la capacité a été implantée dans sa constitution originelle, mais aussi d'une activité coordonnée dont le pouvoir a été graduellement acquis et mûri par l'expérience individuelle. La moelle, comme le cerveau, a en quelque sorte sa mémoire, et doit être éduquée. La réaction qu'elle manifeste à la suite d'une impression extérieure particulière ne s'évanouit pas sans trace, pour laisser intact le trajet une fois la fonction accomplie. À la manifestation de l'énergie coïncide une modification et une usure de l'élément nerveux et, quoique le processus de nutrition régénère ou restaure l'équilibre statique, cette réparation nutritive même, suivant le trajet de l'énergie et de la matière modifiée qui lui coïncide, enregistre l'expérience. Ce n'est pas une simple intégration qui a lieu, mais une *ré*-intégration : la substance est restaurée *après* l'exercice particulier d'une fonction, mais aussi *d'après* sa nouvelle structure. Aussi l'activité définie est-elle dans une certaine mesure réalisée ou incorporée dans la structure de la moelle épinière, et y subsiste pour l'avenir à titre de résidu moteur ou, pour ainsi dire, d'un mouvement *potentiel* ou *abstrait*. Il en résulte une tendance à la répétition de la même fonction, tendance renforcée par chaque répétition. Ainsi, toute impression laisse après elle sa trace ou résidu, qui est activé de façon accélérée à l'occasion d'un stimulus approprié; par là les facultés de la moelle se forment et mûrissent graduellement. Nous constatons facilement, pendant l'acquisition d'un acte intentionnel complexe, la difficulté de définir, au début, un chemin au stimulus, afin de le diriger exactement aux muscles appropriés – de limiter, en un mot, l'excitation. Nous ne manquerons pas de faire observer plus loin que ceci s'accomplit non pas en vertu de la volonté de mettre en action ces muscles, mais à force d'imiter maladroitement le mouvement jusqu'à ce nous finissions par l'imiter exactement, ou à force d'essayer une foule de mouvements jusqu'à ce que nous tombions sur celui qui est le plus adapté à la circonstance. C'est ainsi

ils concluent que ce ne sont point des lois mécaniques, mais une industrie divine et surnaturelle qui a formé cet ouvrage et en a disposé les parties de façon qu'elles ne se nuisent point réciproquement. C'est pourquoi quiconque cherche les véritables causes des miracles, et s'efforce de comprendre les choses naturelles en philosophe, au lieu de les admirer en homme stupide, est tenu aussitôt pour hérétique et pour impie, et proclamé tel par les hommes que le vulgaire adore comme les interprètes de la nature et de Dieu. Ils savent bien, en effet, que l'ignorance une fois disparue ferait disparaître l'étonnement, c'est-à-dire l'unique base de tous leurs arguments, l'unique appui de leur autorité ». Spinoza, *Éthique* I, app.

que nous arrivons à dominer inconsciemment les muscles appropriés. La voie doit être frayée, et plus elle est battue, plus aussi elle est distincte. À force de fautes et de tentatives maladroites, nous réussissons à trouver l'ajustement requis, que nous perfectionnons ensuite par l'expérience[6].

Lorsqu'une série ou un groupe de mouvements ont été associés entre eux après beaucoup d'efforts volontaires, ils deviennent, à chaque répétition, de plus en plus faciles et de moins en moins séparables, jusqu'à ce qu'ils se fixent fermement dans la constitution de la moelle, fassent partie intégrante de ses facultés, et puissent être accomplis sans effort et même sans conscience : telles sont les actions *automatiques secondaires* ou *acquises* décrites par Hartley[7]. Une fois que la voie a été frayée, il est plus facile au stimulus de la suivre que d'aller à côté, exactement comme il est plus facile à un train de suivre les rails, ou à une rivière de couler dans son lit, que d'en sortir. L'acte de marcher, par exemple, devient de cette façon automatique ou réflexe à un tel point qu'un homme absorbé par de profondes réflexions peut parfaitement continuer à marcher, sans en avoir conscience, sans savoir dans quelle direction, et se trouver, en sortant de sa rêverie, à un tout autre endroit que celui où il avait l'intention d'aller. Les épileptiques, atteints de ce que l'on a appelé le *petit mal*, continuent quelquefois, automatiquement et sans conscience, l'action commencée au moment où l'attaque les a surpris : un cordonnier, dans cet état, se blessait souvent les doigts avec son alêne, et entra une fois dans un étang sans en avoir conscience. Schroeder van der Kolk cite le cas d'une femme qui continuait à manger et à boire, ou à faire ce qu'elle faisait au moment de l'attaque, sans en avoir aucune conscience à son réveil. Trousseau parle d'un jeune musicien qui continuait quelquefois pendant dix ou quinze secondes à jouer inconsciemment quoiqu'il ignorât complètement ce qui se passait autour de lui, et n'entendit ni ne vit ceux qu'il accompagnait; il gardait pourtant la mesure pendant toute la durée de l'attaque. Le même auteur cite un architecte, atteint depuis longtemps d'épilepsie, qui ne craignait pas de

6. Voir A. Herzen, *Physiologie de la volonté*, Paris, G. Baillière, 1874, p. 51 *sq.*

7. « Une fois que les actions les plus parfaitement volontaires ont été rendues telles par une série d'associations, on peut, par une autre série d'associations, les faire dépendre de sensations, d'idées et de mouvements les plus petits, de ceux que l'esprit considère à peine ou est à peine conscient, si bien qu'il peut à peine se souvenir de l'action une fois qu'elle est effectuée. Ainsi, l'association permet non seulement de convertir les actions automatiques en actions volontaires, mais peut aussi convertir les actions volontaires en actions automatiques. Car ces actions, dont l'esprit est à peine conscient, et qui suivent mécaniquement d'une petite sensation, idée ou mouvement, sans le moindre effort de l'esprit, doivent plutôt être rapportées au corps qu'à l'esprit, autrement dit, référées au principe des mouvements automatiques. Je les appellerai mouvements automatiques du second genre, pour les distinguer tant des mouvements originellement automatiques, que des mouvements volontaires. Je donnerai maintenant quelques exemples de cette double transmutation des mouvements, des automatiques aux volontaires, et des volontaires aux automatiques ». Il prend alors l'exemple de la manière dont les enfants apprennent, et tout particulièrement dont nous apprenons à parler, à jouer du clavecin, etc. « La doctrine des vibrations explique tous les mouvements automatiques originels; celle de l'association, les mouvements volontaires et automatiques seconds ». D. Hartley, *Theory of the Human Mind*, London, Priestley, 1795, p. 31 et 37. Unzer reconnaît sans réserve la nature des actions automatiques acquises : « Et au contraire, nous recherchons d'abord à éviter par des mouvements volontaires de nombreuses douleurs et autres sensations externes déplaisantes, mouvements qui deviennent ensuite purement automatiques, comme par exemple crier, se tordre de douleur, se rétracter sous l'effet d'une douleur; marcher plus vite, se ramasser sur soi-même quand on a froid; plisser les yeux en présence d'une forte lumière, et un millier d'autres mouvements, dont les finalités sont instinctives; auparavant volontaires, ils deviennent mécaniques par leur répétition fréquente. On ne peut pas davantage inférer de ce que les actions senties d'un instinct, qui sont, en nous ou chez les autres animaux, des mouvements volontaires, doivent l'avoir été auparavant, le seront à l'avenir, ou sont tels chez d'autres créatures », J. A. Unzer, *The Principles of Physiology*, *op. cit.*, p. 152.

monter sur les plus hauts échafaudages, quoiqu'il sût parfaitement qu'il avait des attaques fréquentes, pendant qu'il franchissait l'espace à une hauteur considérable sur des planches étroites. Jamais un accident ne lui était arrivé, bien que, pendant les attaques, il courût rapidement sur les planches, en criant à haute voix son propre nom; au bout d'un quart de minute, il reprenait son occupation et donnait ses ordres aux ouvriers, et, à moins qu'on ne le lui dise plus tard, il n'avait aucune idée de son étrange conduite pendant l'attaque[8]. Il suffit, en vérité, de suivre attentivement nos actions journalières pour être surpris de la petite proportion de celles que nous exécutons, le sachant et le voulant, et de la très grande proportion de celles qui s'accomplissent par l'activité automatique acquise de l'organisme. Il est suffisamment évident que la plupart des facultés de la moelle épinière ne sont pas innées chez l'homme, mais graduellement acquises par l'expérience et l'éducation; leur développement est une bonne preuve du progrès de l'adaptation humaine au monde extérieur. [...]

Cette faculté de l'action coordonnée, que la moelle épinière acquiert en s'assimilant l'influence des circonstances et en réagissant d'une façon convenable, est évidemment, de la part de la nature, un arrangement aussi utile qu'indispensable. Car, si un acte ne devenait pas plus facile après de nombreuses répétitions, s'il continuait à exiger chaque fois une stricte surveillance de la part de la conscience, toute l'activité de notre vie se réduirait évidemment à un ou deux actes seulement, et il n'y aurait aucun progrès par le fait du développement; un homme serait occupé toute la journée à s'habiller et à se déshabiller; l'attitude de son corps absorberait toute son attention et toute son énergie; se laver les mains ou boutonner une manche serait pour lui aussi difficile durant toute sa vie que lors du premier essai fait dans l'enfance; et il serait, par-dessus le marché, complètement épuisé par de tels efforts. Pensez ce qu'il en coûte à un enfant pour apprendre à se tenir debout et avec quelle facilité il le fait plus tard, sans s'en apercevoir. Les efforts conscients de la volonté produisent bientôt l'épuisement, tandis que les actes automatiques secondaires, se rapprochant sous ce rapport des mouvements organiques, ou réflexes originels, s'accomplissent avec beaucoup moins de fatigue. Une moelle épinière qui ne posséderait pas cette faculté de rétention (que nous nommons *mémoire* dans les centres supérieurs), serait une moelle épinière idiote, incapable de culture, un centre nerveux dégénéré, dans lequel l'organisation de facultés spéciales ne pourrait pas avoir lieu. Pour que nous puissions nous figurer combien nous devons à l'activité automatique de la moelle, il faut qu'une maladie vienne en entraver les fonctions. Aussi une bonne éducation doit-elle nous enseigner à exercer consciemment cette activité, afin qu'elle puisse agir automatiquement selon les circonstances au milieu desquelles doit s'écouler notre vie.

8. Leur condition a « quelque chose de comparable au somnambulisme, ou pour mieux dire, c'est quelque chose de comparable à ce qui arrive à certains individus qui, dans l'état de sommeil, répondent aux questions qu'on leur adresse, et, une fois éveillés, ont perdu tout souvenir de ce qui s'est passé », A. Trousseau, *Clinique médicale de l'Hôtel-Dieu de Paris*, t. 2, Paris, Baillière et fils, 1868, p. 109 [cité par Maudsley dans l'édition anglaise : *Lectures on clinical medecine*, trad. angl. V. Bazire, London, New Sydenham Society, vol. 1, 1868, p. 60].

Les phénomènes de l'activité automatique secondaire sont très propres à nous dévoiler la genèse et la nature de ce que l'on appelle finalité. Ils nous enseignent, en effet, que l'adaptation au but s'acquiert et s'organise graduellement, sous l'influence de l'expérience et de l'éducation particulière. Comme cette adaptation représente la nature acquise du système nerveux, sa manifestation est le simple résultat de la constitution du substratum matériel, exactement comme les propriétés d'un élément chimique sont le résultat inévitable de sa nature. Dire que, dans les phénomènes vitaux, les moyens sont adaptés aux buts, n'est au fond qu'une périphrase de cette proposition : *la vie est*; car si les moyens ou les causes n'étaient pas adaptés aux fins ou aux effets, ceux-ci évidemment ne sauraient avoir lieu; et quand nous voyons ou supposons qu'un résultat donné est le but de certains moyens, cela veut simplement dire que, d'après notre expérience, certaines combinaisons de matière ont certaines propriétés. La doctrine vulgaire des causes finales est en contradiction flagrante avec la nature, car elle prend pour l'effet ce qui en réalité est la cause, et pour la cause ce qui en réalité est l'effet. Dans le développement des facultés automatiques secondaires des centres spinaux, nous pouvons suivre pas à pas, durant le cours de la vie individuelle, la genèse et les progrès de l'adaptation, que nous trouvons toute développée dans les facultés innées de beaucoup d'animaux, et qui, même dans ce cas, a été graduellement organisée et transmise à travers une longue série de générations, ainsi que nous le verrons par la suite. Si on objectait que le fait même de cette incarnation du dessein, de sa graduelle organisation par l'éducation, est, en soi, une preuve de la finalité, nous répondrions que cette proposition n'est qu'une autre manière de dire que les choses sont comme elles sont, et nous exprimerions la conviction que la science ne peut entrer dans les *vues* de la création. En tout cas on ne gagne rien à se réfugier dans cet « *asile de l'ignorance – la volonté de Dieu.* » La croissance d'un cancer poussée jusqu'à la destruction du corps, ou l'augmentation d'un vice jusqu'à la mort de l'esprit, ne prouvent pas davantage l'existence du dessein. Si ces considérations ne satisfont pas les téléologistes, il suffira de leur rappeler la remarque déjà citée de Spinoza et de les féliciter du pouvoir qu'ils ont de pénétrer dans les mystères des choses, comme s'ils étaient les espions de Dieu. Ne vaudrait-il pas mieux, cependant, qu'ils eussent la complaisance de nous expliquer des choses plus humbles, par exemple le but du rudiment de la glande mammaire et du mamelon chez les mâles[9] ?

9. La tâche, après tout, ne serait peut-être pas tout à fait si difficile. Par exemple : nous savons que le *mâle* réunit les qualités de ses ancêtres *mâles* et *femelles*, réellement ou potentiellement, et les transmet à sa progéniture : de sorte que nous pouvons concevoir que la glande rudimentaire est une condition essentielle d'une hérédité et d'une transmission complètes des caractères fondamentaux des mammifères; et que si le mâle en était privé, cela rendrait impossible l'influence de ses ancêtres femelles, influence que nous avons de bonnes raisons d'admettre. Mais, pourrait-on dire, si ce raisonnement était juste, il s'ensuivrait nécessairement que la femelle doit avoir l'organe mâle, comme le mâle a l'organe femelle; or, c'est ce qui a réellement lieu, car ils ont tous les deux des organes homologues. À une certaine période du développement individuel, nous ne pouvons pas distinguer le sexe de l'embryon; la différence, qui se prononce ensuite de plus en plus, est due à un arrêt de développement de la femelle, et à une déviation de la ligne suivie par le mâle.

Extrait du chap. VI « Des émotions ou affections de l'âme »

L'homme est passif et actif; il subit certaines passions et il accomplit certaines actions. Une délibération calme implique un équilibre entre ce qu'il subit et ce qu'il accomplit, entre l'individu et son environnement; mais pour autant qu'une idée est accompagnée de quelque sentiment de plaisir ou de douleur, ou d'un caractère plus spécial, elle est émotionnelle. Si le sentiment prédomine, l'idée est obscurcie et l'état de l'esprit se nomme alors émotion ou passion. La *forme* définie de l'idée dans le substrat matériel est obscurcie ou partiellement effacée pendant cette agitation ou *commotion* des éléments nerveux. Toute émotion définie implique la présence d'une idée présentative ou représentative, plus ou moins claire, d'un objet ou d'un événement, et ne peut par conséquent pas en être séparée; et l'idée ayant sa racine dans la sensation, contient toujours un sentiment quelconque, ne fût-ce que celui du fait qu'elle est agréable ou désagréable. Dans la plus simple expérience psychique, il y a un élément subjectif aussi bien qu'un élément objectif, car dès la première perception, il y a du sentiment. Strictement parlant, tout état psychique conscient est d'abord un sentiment; mais, après avoir été éprouvé plusieurs fois, il est adéquatement organisé d'une manière définie, et devient presque automatique ou indifférent dans les circonstances ordinaires. Tant que les idées ou les états psychiques ne sont pas organisés de manière concordante avec les relations externes de l'individu, leur activation sera toujours accompagnée de plus ou moins de sentiment; ils seront, en fait, plus ou moins émotionnels. Quand l'équilibre entre le subjectif et l'objectif est dûment établi, il n'y a point de passion et peu d'émotion[10]. Un individu gouverné par ses sentiments est à peu près comme celui qui vivrait au niveau de la simple sensation sans s'élever à la phase supérieure de la perception; et, de même que la perception est d'autant moins exacte et moins complète que la sensation est plus forte, de même plus l'émotion est active, moins la cognition est claire.

Longtemps[11] on a eu l'habitude de parler des phénomènes psychiques comme s'ils étaient séparés des autres phénomènes naturels, comme s'ils appartenaient à un ordre qui leur est propre et ne se conformaient pas à l'ordre de la nature. Comme si l'homme était à lui-même sa propre loi, exerçant une autorité indépendante de la nature, dont la fonction était de contrôler son ordre, non de s'y conformer. Mais l'homme n'a pas d'autorité indépendante de ce genre, il ne contrôle qu'en se conformant, et ne conquiert qu'en obéissant. Il est contrôlé malgré lui s'il ne se conforme pas, et paie par de pénibles souffrances une obéissance qu'une action sage aurait accompagnée de joie. Les émotions, bonnes ou mauvaises, sont des phénomènes physiques qui procèdent de la

10. « Notre âme fait certaines actions et souffre certaines passions; savoir : en tant qu'elle a des idées adéquates, elle fait certaines actions; et en tant qu'elle a des idées inadéquates, elle souffre certaines passions », Spinoza, *Éthique* III, *Des passions*, prop. 1.

11. Ce paragraphe a été ajouté dans l'édition de 1878 (*NDLR*).

vie organique, conformes à des lois naturelles dans leur origine, dans leur nature et dans leur expression, et doivent être étudiés et discutés comme tous les autres phénomènes de la nature. Spinoza traita des actions humaines, des appétits et des émotions d'après la méthode géométrique, exactement comme s'il se fût agi de lignes, de plans et de solides, avec une hardiesse et une rigueur qui épouvantèrent les métaphysiciens. Tout en reconnaissant le service qu'il rendit à la philosophie en insistant sur la nécessité de ranger ces phénomènes dans le même ordre que les autres phénomènes naturels et de les étudier avec la même méthode, nous voyons aujourd'hui que cette méthode ne convenait pas pour des faits aussi complexes, et que l'adoption consciencieuse de la méthode inductive promet des résultats plus satisfaisants pour la recherche. [...]

Ma première observation, et je suis en cela Spinoza, Unzer et Müller, c'est qu'une idée qui est favorable avec les impulsions ou efforts de l'individu pour l'expansion de soi, s'accompagne d'un sentiment de plaisir plus ou moins vif, tandis qu'une idée qui traduit une restriction de l'individualité opposée à son expansion va de pair avec un sentiment de malaise ou de douleur plus ou moins grand. Comme le germe organique, dans des conditions favorables à son impulsion inhérente pour se développer, incorpore de la matière du dehors, et manifeste sa satisfaction par sa croissance, tandis que dans des conditions défavorables, il n'assimile point mais manifeste sa souffrance ou passion par le dépérissement, ainsi les cellules nerveuses ganglionnaires attestent par une émotion agréable la poursuite de leur développement, et par un sentiment douloureux ou un malaise, une restriction ou une lésion infligée par un stimulus défavorable.

Qu'il soit d'ordre inférieur ou d'ordre élevé, il est dans la nature fondamentale de l'élément organique de sentir comme agréable et par là de poursuivre tout ce qui favorise sa conservation et son accroissement, et au contraire de sentir comme désagréable et d'éviter en conséquence tout ce qui contrarie ou empêche son activité et son développement. Comment pourrait-il en effet *agréer* ce qui lui est nuisible, et celui-ci, lui être *agréable*? Même dans la première sensation, l'existence du plaisir ou de la douleur est une espèce d'obscur jugement sur son avantage ou son désavantage pour la personne ou le soi – un jugement dans lequel, comme Herbart l'a remarqué, le sujet ne peut pas encore être séparé du prédicat qui exprime l'approbation ou la désapprobation[12]. Ainsi, au milieu de tant de dangers, « le souci égoïste », pour nous servir des expressions de Hobbes, « loin d'être méprisable, est au contraire un sentiment qu'on n'a ni le pouvoir ni le désir de négliger. Tout homme en effet désire ce qui est bon pour lui et craint ce qui est mauvais, et surtout le plus grand des maux naturels qu'est la mort; et il le fait par une impulsion aussi naturelle que celle de la pierre qui tombe[13] ». Et lorsque son

12. « *Ein Urtheil, in dem nur das Vorgestellte sich noch nicht von dem Prädicate, das Belfall oder Tadel ausdrückt, sondern lässt.* » J. F. Herbart, *Lehrbuch zur Psychologie*, Königsberg-Leipzig, August Wilhelm Unzer, 1816, § 58, p. 50 [nous rétablissons la citation originale (*NDLR*) : "*Diese Gefühle sind analog allem Ästhetischen, von dem si nur dadurch abweichen, daß beym letztern das Vorgestellte sich sondern läst von dem Prädicate, welches Beyfall oder Tadel ausdrückt*"].

13. « En conséquence, au milieu de tant de dangers que la cupidité naturelle des hommes fait peser sur chacun d'entre eux, on ne saurait leur reprocher de se préoccuper d'eux-mêmes, puisque nous ne pouvons

imagination va au-delà de la tombe, c'est en vertu de la même impulsion de la nature, qui opère en relation à un avenir où il aspire à trouver les joies du paradis et espère échapper aux tourments de l'enfer. Toutes les parties de l'organisme humain, comme le tout complexe qu'elles constituent, tendent à une activité plus grande et à une vitalité accrue ; tout ce qui contribue à cette augmentation est le bien qui convient à chaque partie ; mais il est facile de voir que le bien du tout nécessite une juste subordination et une coordination des parties et impose, par conséquent, une certaine contrainte au développement des parties, exactement comme le bien de la société exige la subordination des impulsions individuelles. Les enfants et les sauvages manifestent clairement, dans leur nudité primitive, les différentes passions qui résultent de l'affection du moi qui, quand elle est douloureuse, est jugée comme un mal, et quand elle est agréable, est jugée comme un bien.

Il faut garder à l'esprit qu'un stimulus, qui, lorsqu'il est modéré, produit une idée plaisante, ou plutôt, une émotion, produira, lorsqu'il est trop prolongé ou trop puissant, le malaise ou la douleur, et par conséquent des efforts pour le fuir. Apparaît alors un *désir* d'éviter le stimulus, comme s'il était tout entier nuisible. Ce désir devient *le motif* ou le ressort de l'action. Ce motif est appelé désir dans ce cas, parce qu'on en a conscience ; c'est sans doute, dans un tissu plus élevé, l'équivalent de l'effort que manifeste inconsciemment l'organisme animal le plus rudimentaire, pour s'éloigner d'un stimulus nuisible. En vérité, dans les deux cas, c'est ce qu'on appelle l'impulsion à se conserver soi-même qui est en jeu, immanent à toute matière vivante – une impulsion ou instinct qui, quels que soient les facteurs plus profonds de composition intime qu'il manifeste, est la condition essentielle de l'existence continuée d'un élément organique. Une telle réaction de l'élément organique est aussi naturelle et nécessaire que la réaction d'un composé chimique, car elle est, aussi bien que celle-ci, le produit des propriétés de la matière organiquement combinée.

Lorsque le stimulus, agissant sur les cellules cérébrales d'un hémisphère, n'a pas l'intensité voulue pour les satisfaire, lorsqu'il est en fait inadéquat, alors le centre nerveux manifeste une affinité ou une attraction, une impulsion dirigée au-dehors, une appétence, ou un effort, que la conscience perçoit comme *désir, besoin, instinct* ou *appétit.* Il n'y a en effet pas de différence, comme l'observe Spinoza, entre l'appétit et le désir, si ce n'est que ce dernier implique la conscience [14]. Le désir, c'est l'appétit conscient de soi [15]. De ce que nous avons un appétit ou un désir de quelque chose, nous jugeons qu'il est bon : ce n'est certainement pas parce que nous jugeons une chose comme bonne

pas vouloir faire autrement. Chacun est en effet porté à désirer ce qui est bon pour lui et à fuir ce qui est mauvais pour lui – à fuir plus que tout le plus grand des maux naturels, la mort – et cela par une nécessité de nature non moindre que celle qui fait qu'une pierre incline à tomber », *Du citoyen*, trad. fr. P. Crignon, Paris, GF-Flammarion, 2010, p. 102. [Hobbes est cité dans l'édition *The English Works of Thomas Hobbes of Malmesbury*, London, John Bohn, 1839-1845 (*NDLR*)].

14. La confusion est ici le fait de Maudsley : il distingue d'abord *appetence* et *appetite* qu'il range du côté du désir, comme tendance accompagnée de conscience, pour ensuite distinguer désir et *appetite* à partir du critère de la conscience (*NDLR*).

15. « Le désir, c'est l'appétit, avec conscience de lui-même. Il résulte de tout cela, que ce qui fonde l'effort, le vouloir, l'appétit, le désir, ce n'est pas qu'on ait jugé qu'une chose est bonne ; mais, au contraire, on juge qu'une chose est bonne par cela même qu'on y tend par l'effort, le vouloir, l'appétit, le désir », Spinoza, *Éthique* III, *Des Passions*, prop. 9, scolie.

que nous en avons le désir ou l'appétit. Il y a là encore une correspondance exacte avec l'attraction, l'impulsion ou l'effort de l'élément organique vers un stimulus favorable, manifeste dans toute la nature, et dont le corrélat nécessaire est la répulsion de ce qui est défavorable.

Parce que l'affinité est manifestée dans une structure vivante, nous sommes enclins, quand nous l'observons, à projeter sur l'élément organique nos propres états de conscience et, par conséquent, à nous la représenter toujours comme un *effort* tendant, en vertu de l'instinct de conservation, à obtenir le stimulus favorable à sa croissance. Mais l'attraction est une nécessité physique tout aussi bien que celle d'un acide pour un alcali, de l'aiguille aimantée pour le pôle, ou de l'électricité positive pour la négative. S'il n'y avait point de stimulus, il n'y aurait point de réaction de la part de l'élément organique ; si le stimulus a une intensité nuisible ou est autrement défavorable, il doit y avoir perturbation de l'équilibre statique et une réaction répulsive ; et s'il est favorable mais d'une intensité insuffisante, il doit produire une réaction d'attraction ou d'affinité pour une quantité supplémentaire, comme un acide non encore neutralisé demande une nouvelle dose d'alcali ou bien comme la faim non assouvie a besoin d'une nouvelle quantité d'aliments. Mais il est de la plus grande importance de ne pas se laisser tromper par le fait qu'il y a conscience, et de ne pas méconnaître la condition fondamentale des phénomènes s'accomplissant au sein des cellules ganglionnaires du cerveau. Ici comme partout, l'élément organique sain manifeste ses propriétés fondamentales en recherchant le bien et en évitant le mal ; la conscience n'est qu'un phénomène surajouté, incapable de faire apparaître ou disparaître ces propriétés. L'effort pour une impression agréable, ou l'effort pour éviter une impression douloureuse, n'est au fond que la conséquence physique de la nature intime de la cellule ganglionnaire mise en rapport avec un certain stimulus, et la réaction ou le désir devient le motif d'une action générale de la part de l'individu dans le but de satisfaire un besoin ou d'éviter un mal. Aucun homme jouissant d'une bonne santé n'a le pouvoir de négliger de prendre soin de soi-même. Cesser de s'efforcer, c'est commencer à mourir, physiquement, moralement et intellectuellement.

On voit donc non seulement comment les désirs deviennent les motifs des actions, mais comment ils atteignent graduellement leur forme complète à partir des appétits organiques inconscients. Les appétits pour la nourriture et la boisson et l'appétit sexuel sont les motifs les plus puissants de l'action, comme ils sont les appétits fondamentaux et pressants de l'être organique. Dans le désir de l'adulte, il y a nécessairement une certaine *conception* de ce qui est désiré, quoique cette conception ne soit pas toujours bien définie ; mais chez l'enfant, comme chez l'idiot, on observe souvent une vague agitation trahissant le besoin ou le désir d'une chose, dont on est inconscient, mais dont la possession donne la tranquillité et la satisfaction : la vie organique parle encore un langage inarticulé. Un des exemples les plus frappants et les plus instructifs du passage de la vie organique à la conscience est celui de la puberté, lorsque de nouveaux organes entrent en action et exercent leur influence physiologique sur le cerveau ; des désirs vagues et incompris éveillent alors des impulsions obscures, sans but défini, mais produisant une agitation qui, lorsqu'elle est mal dépensée, est souvent perverse : c'est ainsi que l'appétit amoureux annonce la première fois sa naissance. Mais pour prouver combien il est antérieur à l'expérience individuelle et combien il est peu redevable à la conscience, qui n'en est qu'un développement subséquent, il suffit de rappeler, que, même chez l'homme, le désir accède parfois à la connaissance de son but et à une espèce de satisfaction, d'abord dans les rêves, puis dans la vie réelle. La même chose est mise en évidence d'une manière plus claire et plus pénible par la forme lascive que donnent certaines espèces de folies à des jeunes femmes d'une vie parfaitement chaste et modeste, mais qui, sous l'influence de la maladie, trahissent par leurs paroles, leurs gestes et leur conduite une connaissance si parfaite des moyens de satisfaire le besoin sexuel, qu'il est impossible qu'elles aient pu l'apprendre par l'observation ou par l'expérience. Le jeune homme et la jeune fille les plus chastes n'ont pas besoin qu'on leur enseigne le moyen de satisfaire la passion qui naît dans leur esprit à la suite des changements physiologiques relatifs à une certaine période de leur croissance. Et pourtant, si l'on considère la façon dont se déroule la première fois que s'accomplit l'acte sexuel, quelle chose extraordinaire et ridicule ce serait de croire qu'il faudrait qu'entre dans l'esprit de deux personnes l'idée de faire un tel usage de leur corps pour obéir à un désir aveugle.

Ces simples réflexions devraient suffire pour montrer aux psychologues, s'ils voulaient condescendre à les écouter, combien la vie cérébrale ou mentale inconsciente est plus fondamentale que n'importe quel état mental conscient. [...]

Il peut peut-être sembler utile d'exposer ici la différence entre la passion et l'émotion, deux termes dont jusqu'à présent nous nous sommes servis indifféremment. Mais cela n'est pas nécessaire quand on traite de leur nature générale, qui au fond est la même : tout ce qu'on appelle émotion, quand elle atteint une certaine intensité, devient une véritable passion. Si on voulait les distinguer à l'occasion d'une analyse des émotions particulières, ce qui sans doute serait très utile, la base de la classification serait donnée par leur caractère *égoïste* ou *altruiste*; c'est ainsi que Comte distinguait les sentiments qui se rapportent entièrement au soi et ceux qui se rapportent au bien des autres. Les passions, en effet, se rapprochent beaucoup plus que les émotions des désirs ou des instincts fondamentaux; l'instinct ou l'impulsion sensorielle *plus* la conscience de son but et des moyens pour y arriver, devient une passion.

Spinoza, dont l'admirable exposition des passions sera difficilement dépassée, reconnaît seulement trois passions primitives, sur lesquelles toutes les autres se développent : joie, tristesse et désir. a) Le désir, dit-il, est la nature ou l'essence même de l'individu, d'où il suit que la joie et la tristesse de chaque individu diffère de celle d'un autre, autant que la nature de l'un diffère de celle de l'autre[16]. b) La joie est le passage d'un degré moindre de perfection à un degré de perfection plus grand[17], et accompagne conséquemment toutes les actions qu'on appelle *bonnes*. c) La tristesse est le passage d'un degré supérieur de perfection à un degré plus bas[18], aussi accompagne-t-elle toutes

16. Traduction presque littérale de la traduction de Saisset, *Éthique* III 57 sc. (*NDLR*).
17. *E* III déf. des affects 2.
18. *Ibid.*, déf. des affects 3.

les actions que l'on appelle mauvaises. Cependant, les connaissances acquises depuis le temps de Spinoza montrent qu'il n'a pas poussé son analyse jusqu'aux fondements physiologiques des passions.

De ce qui précède, il ressort clairement qu'il est impossible de traiter les émotions d'une façon satisfaisante en les considérant comme des faits accomplis, et en les classant d'après les caractères qu'elles offrent chez un adulte de culture moyenne. La méthode psychologique[19] ne sert à rien et ne donne aucun espoir de succès, car elle nous force à aborder d'emblée le résultat complexe d'un développement avancé, au lieu de commencer par la genèse de l'émotion, et d'en suivre l'évolution pas à pas.

Extrait du chap. VII « Volition »

> Les hommes se trompent en ce point, qu'ils pensent être libres. Or, en quoi consiste une telle opinion ? en cela seulement qu'ils ont conscience de leurs actions et ignorent les causes qui les déterminent. L'idée que les hommes se font de leur liberté vient donc de ce qu'ils ne connaissent point la cause de leurs actions, car dire qu'elles dépendent de la volonté, ce sont là des mots auxquels on n'attache aucune idée. Quelle est en effet la nature de la volonté, et comment meut-elle le corps, c'est ce que tout le monde ignore, et ceux qui élèvent d'autres prétentions et parlent des sièges de l'âme et de ses demeures prêtent à rire ou font pitié. [...]
>
> Et tout ce que je puis dire à ceux qui croient qu'ils peuvent parler, se taire, en un mot, agir, en vertu d'une libre décision de l'âme, c'est qu'ils rêvent les yeux ouverts[20].

[...] Ces considérations[21], jointes à celles qui ont précédé dans les différents chapitres de cet ouvrage, doivent suffire pour prouver la nécessité de modifier la notion communément soutenue selon laquelle la volonté est une faculté une et indivisible, indécomposable, dotée d'un pouvoir constant et uniforme. Nous avons montré qu'on a coutume d'inclure dans la catégorie des actes volontaires des actions très différentes provenant de différents centres nerveux, et que nous devons ou bien reconnaître à chacun de ces centres sa propre volonté (c'est-à-dire admettre que la volonté humaine est divisible en autant de parties qu'il y a de centres nerveux), ou bien reconnaître dans ce qu'on nomme les vraies actions volontaires, provenant des circonvolutions, une forme spéciale des propriétés fondamentales du tissu nerveux manifestées par les centres inférieurs. Une partie considérable de nos actions journalières est due évidemment à l'activité automatique de la moelle épinière ; les centres sensoriels sont incontestablement le siège indépendant d'autres actions ; et beaucoup des actions restantes, que la plupart des hommes croient être volontaires, répondent à des idées ou à des émotions. Tout centre nerveux

19. La méthode psychologique désigne l'introspection, par opposition à la méthode physiologique (voir H. Maudsley, *La physiologie de l'esprit*, *op. cit.*, préface, p. XV).
20. Spinoza, *Éthique*, respectivement II, 35, sc., et III, 2, sc., cité dans la traduction d'Émile Saisset.
21. Maudsley a développé une série d'arguments contre le libre arbitre (*NDLR*).

renferme dans sa nature une quantité d'énergie d'un ordre très élevé accumulé par la nutrition, et qu'il est prêt à décharger sous l'influence d'un stimulus approprié. Néanmoins, cette juste discrimination de fonctions est entièrement négligée par ceux qui adoptent, relativement à la volonté, le point de vue métaphysique. Ils convertissent l'abstraction en une entité et lui permettent de tyranniser leur entendement en véritable despote. L'essence métaphysique ainsi créée n'a pas plus de rapport avec un acte concret de la volonté que la *pierreté*, comme dit Spinoza[22], n'en a avec une pierre particulière, ou l'homme avec Pierre ou Paul.

Il est donc très important, en premier lieu, de se défaire de la notion d'une volonté idéale ou abstraite, non soumise aux conditions physiques, se déterminant elle-même, existant indépendamment des actes particuliers et concrets de volonté, qui varient au gré des conditions physiques. Lorsqu'un acte défini de la volonté est le résultat d'un désir modifié par la réflexion, il représente, physiquement parlant, une force disponible pour l'action, résultant de la propagation de l'activité d'un circuit nerveux à un autre au sein des couches corticales des hémisphères, l'impulsion volontaire étant la dernière forme en laquelle les centres nerveux transforment l'énergie qu'ils reçoivent. Par conséquent, toute modification de l'état de ces centres empêche la réflexion et affecte le pouvoir de la volonté qui en résulte, pouvoir qui, en réalité, diffère tant en quantité qu'en qualité chez les différents individus, ainsi que chez la même personne, selon les conditions variables du substrat nerveux. Qu'on laisse le dérangement d'un organe abdominal modifier le ton affectif du cerveau, et la volonté le répercute instantanément : son énergie est diminuée. Divisez le nerf d'un muscle, et la volonté énonce ses décrets en vain; elle ne peut franchir l'étroit espace qui sépare les deux bouts du nerf, car ce qui parcourt le trajet nerveux est un mouvement moléculaire, phénomène purement physique, qu'un empêchement physique arrête aisément et complètement. D'un autre côté, psychologiquement parlant, une volonté définie est le résultat final de la réflexion ou de la délibération, dont la culture d'un homme l'a rendu capable; elle représente l'*idée* ou la *conception* du résultat du désir, telle qu'elle a été déterminée par la nature de la réflexion. Un homme dans la réflexion duquel n'entre aucune idée vertueuse ne peut pas plus vouloir un but vertueux, qu'il ne peut vouloir un acte vicieux, si ses appétits et ses désirs n'ont pas été viciés ou si des idées vicieuses ne sont pas familières à son esprit. La volonté est donc, au fond, le désir ou l'aversion suffisamment forte pour produire une action après réflexion ou délibération – une action qui, comme le fait remarquer Hartley, n'est ni primitivement ni secondairement automatique[23]. Et comme elle est engendrée par l'association

22. E II 48 sc. (*NDLR*).

23. « Sixièmement, la volonté apparaît n'être rien d'autre qu'un désir ou une aversion suffisamment forte pour produire une action qui n'est ni primitivement ni secondairement automatique. Il me semble que la substitution de ces mots à celui de *volonté* peut être justifiée par l'usage courant de la langue. La volonté est ainsi ce désir ou cette aversion qui est le plus fort au moment présent. C'est pourquoi, puisque tout amour et toute haine, tout désir ou toute aversion, sont factices et générés par association, c'est-à-dire mécaniquement, il suit que la volonté est aussi mécanique », D. Hartley, *Theory of the Human Mind*, *op. cit.*, p. 205. « L'*appétit* et l'*aversion* ne sont donc nommés ainsi que s'ils ne suivent d'aucune délibération. Mais si la délibération a précédé, alors le dernier acte de celle-ci se nomme *volonté* s'il s'agit d'un appétit; *refus* s'il s'agit d'une

qui précède, elle doit nécessairement différer beaucoup en qualité et en quantité selon le caractère et l'étendue de l'association, telle que celle-ci a été établie par la culture ou telle qu'elle est temporairement modifiée par l'état du corps.

Chacun voit aisément que ceci est vrai de la volonté d'un idiot ou d'un enfant, volonté évidemment bien différente de celle d'un adulte bien éduqué ; il faut être complètement aveuglé par des théories métaphysiques pour ne pas reconnaître les infinies variations de pouvoir de la volonté que tout individu manifeste à différents moments ou dans différentes circonstances. Une personne dont les organes reproducteurs sont si défectueux qu'ils ne sauraient remplir leur fonction, manque de toutes les idées, sentiments, désirs et volonté qui sont liés à ces fonctions. Si l'un des sens supérieurs fait défaut à un individu, celui-ci sera nécessairement privé des idées, des sentiments, des désirs et de la volonté qui naissent des perceptions de ce sens. L'aveugle ne peut pas connaître la variété et la beauté des couleurs dans la nature, ni *vouloir* par rapport aux impressions qui ne sont révélées que par la vue. Néanmoins il ne considère pas sa volonté comme inférieure en qualité, moins complète ou moins libre, parce qu'il ignore ce qui lui manque. Si au contraire un sens inconnu venait s'ajouter à ceux d'un homme normal, celui-ci s'apercevrait bientôt combien sa volonté peut encore s'étendre, combien sa liberté, tant vantée, est mesquine, et s'étonnerait peut-être profondément d'avoir pu jamais se croire libre.

Quand l'homme est-il plus que jamais persuadé qu'il parle et qu'il agit avec une complète liberté de sa volonté ? Quand il est ivre, quand il est fou, ou quand il rêve. Il peut valoir la peine de s'attarder sur le fait que l'homme se croie d'autant plus libre qu'il est plus esclave, mais qu'à tout moment, quelle que soit son humeur, il affirmera qu'il est libre. Sous l'influence de l'alcool, l'homme juge tout autrement qu'à l'état normal ; mais est-il, à ses propres yeux, moins libre ? La passion, tout le monde le sait, pervertit le jugement et le détourne dans tel ou tel sens, mais jamais un homme en proie à une passion n'avouera qu'il n'agit pas avec une complète liberté. Présentez les mêmes arguments au même individu lorsqu'il est transporté de joie, ou lorsqu'il est déprimé par de mauvaises nouvelles ; quand il est dans un état de vigoureuse santé ou dans la prostration de la maladie, et vous verrez comme il les jugera différemment et combien la volonté, qui sortira de son

aversion. […] La liberté de vouloir ou de ne pas vouloir n'est en aucun cas plus grande chez l'homme que dans les autres créatures vivantes. En effet, là où il y a appétit, la cause entière de l'appétit l'a précédé ; et par conséquent, l'acte de l'appétit ne peut pas choisir mais suit, c'est-à-dire, a suivi nécessairement […]. C'est pourquoi une liberté qui serait libérée de la nécessité ne peut être trouvée ni dans la volonté des hommes, ni dans celle des bêtes. Mais si par liberté on entend la faculté ou pouvoir, non pas de vouloir, mais de faire ce qu'on veut, alors certainement la liberté est à accorder aux deux, et les deux peuvent en être dotés à égalité, chaque fois que c'est le cas », T. Hobbes, *De corpore*, dans *Human Nature* and *De Corpore Politico*, London, Oxford University Press, 1994, IV-25-13, nous traduisons. « La somme totale des désirs, aversions, espoirs et craintes, poursuivis jusqu'à ce que la chose soit accomplie, ou jugée impossible, est ce que nous appelons *délibération* », T. Hobbes, *Léviathan*, chap. VI, trad. fr. F. Tricaud, Paris, Sirey, 1971, p. 55. Dans une série de précieux articles « Sur la nature de la volition », dans *Psychological Journal*, 1863, le Dr Lockhart Clark fait une habile analyse des différentes formes de volition ; il montre qu'elles résultent toujours de la coopération des deux éléments psychiques, qui, réunis, constituent notre intégrité personnelle : l'élément *régulatif* ou intellectuel, et l'élément *dynamique* ou esthétique ; ce dernier est une sensation, un appétit ou une émotion. Ce qu'on nomme *motifs* de la *volonté* consiste en nos sensations, appétits et émotions, soumis au jugement de l'intelligence en délibération. Donc la *volonté* en tant que pouvoir particulier, *n'existe qu'au moment d'agir*, grâce à la coopération et à la combinaison de ses éléments constituants.

jugement, sera différente selon les cas. Mais quelle que soit l'opinion que d'autres pourraient avoir de lui, lui tiendra pour certaine sa conclusion, exactement comme l'homme endormi croit à la réalité de ses rêves. Tandis que le médecin aliéniste expert peut souvent prédire, aussi sûrement que s'il s'agissait d'une loi de la nature, ce que fera un aliéné dans telle ou telle circonstance, qui se croit plus libre que le fou?

D'où nous vient donc cette fausse opinion? Elle est l'effet d'une cause qui a déjà été signalée : la conscience révèle l'état particulier de l'esprit à un moment donné, mais ne révèle pas la longue série des causes dont il dépend. C'est une duperie de soi délibérée que de dire que les actions dépendent de la volonté, sans se demander de quoi dépend la volonté. C'est comme si l'aiguille, comme dit Leibniz, prenait plaisir à indiquer le pôle, sans s'apercevoir du mouvement insensible de la matière magnétique dont elle dépend[24]. De même que dans la nature nous remontons d'un phénomène à sa cause et de celle-ci à celle qui l'a précédée, et ainsi de suite jusqu'à ce qu'on parvienne à une première cause, ainsi dans l'observation sincère de l'esprit, nous voyons qu'il est déterminé à vouloir telle ou telle chose par une cause ou motif, qui à son tour est déterminée par une autre, et ainsi de suite, jusqu'à ce que nous ayant parcouru toute la série des désirs, aversions, espoirs et craintes – dont la somme constitue la délibération – qui ont précédé le dernier désir ou la dernière aversion, que nous appelons un acte de la volonté. « Ceux qui croient agir librement », dit Spinoza, « rêvent les yeux ouverts ».

Or, si la réaction finale qui suit la délibération et que nous appelons volonté est, comme les autres modes de réaction de l'élément nerveux décrit précédemment, le résultat d'un changement moléculaire dans un centre nerveux constitué d'une certaine façon, alors tout le *dessein* manifesté par un acte de volonté quelconque doit être, exactement comme celui manifesté dans les fonctions des cellules spinales ou des centres sensori-moteurs, le résultat physique d'une certaine constitution ou organisation intime et particulière de la matière nerveuse. En d'autres termes, l'acte de volonté, qui est l'expression finale d'un processus de réflexion, doit nécessairement contenir une conception de ce qui est désiré, en tant qu'elle a été déterminée par la nature de la réflexion; dans l'acte de volonté, la conception du résultat, ou le dessein, constitue en fait le caractère essentiel de la volition particulière. Pour que le désir puisse devenir une action volontaire en vue de sa satisfaction, la conscience du résultat de l'action est nécessaire – c'est-à-dire, une conception de son but. Le désir donne donc l'impulsion spéciale, qui est dirigée ou réglée par la réflexion, et l'acte particulier de la volonté n'est pas un agent *déterminant*,

24. Spinoza parle d'une pierre qu'il suppose animée d'une certaine quantité de mouvement reçu d'une impulsion extérieure, et qui continue nécessairement à se mouvoir à la suite de cette impression. Il écrit : « Supposez que la pierre, en se mouvant, pense et sache qu'elle s'efforce, autant qu'elle le peut, de continuer à se mouvoir : en tant qu'elle est consciente de son effort seulement, et nullement de sa passivité, elle se croira parfaitement libre, et conclura qu'elle continue à se mouvoir sans autre cause que sa volonté d'en agir ainsi. C'est là précisément cette liberté que tous se vantent de posséder, mais qui consiste en cela seul que les hommes ont conscience de leurs désirs, tout en ignorant les causes qui les déterminent. » [cité en anglais, dans l'édition *Spinoza's Life, Correspondence and Ethics*, éd. R. Willis, London, Trübner and Co, 1870, p. 143.] Une pierre qui tombe, si elle était consciente, s'imaginerait sans aucun doute que c'est elle qui, par un acte de sa volonté, attire à soi, ne fût-ce qu'un tout petit peu, le globe terrestre.

mais le résultat *déterminé* par l'impulsion, qui agit conformément à l'idée du but à atteindre. Il s'ensuit que le dessein, découvert par un témoin dans la volition d'autrui (et qu'on se souvienne qu'il n'y a point de volition actuelle en dehors de la volition particulière), dépend de la nature de l'individu observé, telle qu'il l'a héritée puis développée par l'expérience de la vie.

L'idiotie ou l'inaptitude congénitale à s'adapter aux relations externes par des réactions internes cérébrales qui y correspondent, est un fait physique : il n'y a pas de dessein dans un grand nombre d'actions conscientes de l'idiot, parce qu'une telle propriété, en tant que faculté des centres nerveux supérieurs, n'a pas été cultivée, une constitution défectueuse congénitale ayant rendu impossible une telle organisation; en d'autres termes, l'idiot est, de par sa nature défectueuse, incapable d'acquérir la réflexion et ne peut par conséquent avoir aucune idée du résultat à obtenir, et manifester un dessein conscient. Mais le dessein qui se lit dans n'importe quel acte volontaire de l'esprit le mieux cultivé est également une nécessité physique : les adaptations des réactions cérébrales aux diverses impressions externes ont pour conséquence la réflexion qui s'est organisée, on l'a déjà montré, sur la base d'un développement des centres nerveux supérieurs, autrement appelé faculté de l'esprit; et selon l'extension et la qualité de cette réflexion, la conception du but à atteindre sera plus ou moins complète, et le dessein de l'acte volontaire qu'on pourra y trouver sera plus ou moins évident. Toute volition particulière, avec ce qu'elle contient de folie ou de dessein, est le produit des résidus organisés de toutes les volitions semblables qui l'ont précédée, déclenchée par un stimulus approprié. Les volitions en effet, comme les sensations et les idées, laissent après elles des résidus qui sont organisés dans les centres nerveux, et rendent plus aisé le retour de volitions semblables. Dans ce sens, et seulement dans ce sens, nous pouvons parler d'une volition abstraite.

On trouvera peut-être que j'ai trop insisté sur la question du dessein, mais cela était indispensable, parce que de fausses idées sur ce point ont été la source de beaucoup d'erreurs en philosophie. On a cru que le dessein, visible dans un acte mental, indiquait un pouvoir qui transcendait ou anticipait l'expérience, alors que, dans sa genèse, il correspond à l'expérience. La conception spirituelle de la volonté comme une entité fixe, indécomposable, dans laquelle il n'y aurait ni variabilité, ni l'ombre d'une inconstance, doit son origine à cette erreur. La doctrine métaphysique des causes finales, que Bacon, Comte, Spinoza, Descartes et d'autres grands philosophes, identifient comme ayant fait tant de mal en philosophie, provient de vues erronées sur la nature du dessein. Au lieu de rechercher patiemment les effets que la nature offre à l'observation et à l'expérience, les hommes ont longuement persisté à anticiper sur la nature en devinant des fins et des buts d'après la mesure de leurs expériences imparfaites, et ont ainsi empêché le progrès en érigeant ces théories pour entraver la marche de l'investigation scrupuleuse. Supposons que l'on pousse l'argument qui conclut du dessein à l'existence de la volonté comme entité métaphysique jusqu'à ses dernières conséquences logiques, quel sera le résultat ? Rien moins que cela : l'animal, avec son merveilleux instinct d'adaptation instantanée aux conditions les plus insolites et les plus complexes, possède un principe immatériel plus parfait que celui de l'enfant impuissant ou de l'adulte qui se trompe. Mais nous savons très bien que l'instinct des animaux peut souvent être retracé jusqu'à son acquisition par des générations passées ; qu'il a été visiblement formé dans la constitution des centres nerveux, tout comme l'habitude se forme chaque jour chez l'individu et est transmise aux générations suivantes à titre de don inné. Il en est exactement ainsi pour le dessein, qui se forme dans le cours de la vie individuelle et dont la nature atteste toujours la culture précédente de l'individu. Plus l'âme a été cultivée et plus l'expérience a été variée, plus aussi la volonté sera développée et plus elle aura de pouvoir coordinateur sur les pensées, les sentiments et les actions ; non moins évidemment, que l'action réflexe coordonnée de la moelle épinière, est développée et perfectionnée par l'expérience et la culture. Si on analyse en toute impartialité sa nature, le dessein, loin de conduire à faire de la volonté une entité métaphysique fixe, est au contraire une preuve de plus que la volonté est un résultat graduellement organisé et dont la valeur varie quantitativement et qualitativement.

[...] si l'énergie de l'idée n'est pas toute immédiatement dépensée, mais persiste tant soit peu dans l'esprit et y met en jeu ses rapports avec d'autres idées, de façon à produire une conscience plus claire de sa nature avant de produire sa réaction, alors, quand sa réaction se réalise et surtout quand elle est accompagnée d'un sentiment ou d'un désir, nous décrivons l'effet comme volontaire. [...] L'activité volontaire est, au fond, une action réflexe ou excito-motrice, dans laquelle un mécanisme cérébral d'une extrême délicatesse et d'une extrême complexité de construction, incarnant dans sa structure les expériences passées, s'interpose entre le stimulus, qui vient du dehors, et l'impulsion motrice, qui y va ; c'est un procédé, que je me permettrai d'exprimer par le terme composé *afféro-cérébro-efférent*. Un procédé idéo-moteur ou une volition, qui, malgré son activité dans le cerveau, n'arrive pas à s'exprimer par une réaction motrice, soit en exécutant, soit en arrêtant un mouvement, un tel procédé reste un fait purement mental et devient un acte de cognition ou une croyance : c'est une expérience interne, qui peut, nous le savons, devenir à l'occasion une certaine expérience externe. Spinoza déduisit de son raisonnement serré, que la volonté et l'intelligence sont une seule et même chose.

ÉDITER ET TRADUIRE SPINOZA
Entretien avec Pierre-François Moreau

CP : *Cette nouvelle édition française de l'*Éthique *de Spinoza n'est pas qu'une nouvelle traduction. Elle est également une nouvelle édition du texte latin, prenant en compte notamment la découverte récente du manuscrit dit « du Vatican ». Est-ce que vous pouvez expliquer les principaux apports donnés par ce manuscrit ? L'établissement du texte latin par Fokke Akkerman et Piet Steenbakkers a-t-il changé votre regard sur cette œuvre ?*

PFM : Nous disposions jusqu'ici de deux sources : la version latine des *Opera posthuma*[1] (y compris ses *errata* à la fin) et la version néerlandaise, toutes deux publiées en même temps par les amis de Spinoza et datées de 1677, l'année de sa mort (elles ont en fait été diffusées début 1678). Les précédents éditeurs avaient parfois employé la seconde pour éclairer des passages difficiles de la première ; ils avaient aussi quelquefois cédé à la tentation de compléter celle-ci, en faisant l'hypothèse que le traducteur néerlandais disposait d'un manuscrit différent – qui aurait témoigné d'un ultime travail de Spinoza. C'était le cas notamment de l'édition devenue classique de Carl Gebhardt, qui ne prenait pas assez en compte la tendance des traducteurs de l'âge classique à développer et expliciter le texte. Le manuscrit découvert au Vatican il y a une dizaine d'années a l'intérêt de nous fournir un état de l'*Éthique* en 1675. Il faut rappeler qu'il n'est pas de la main de Spinoza : c'est une copie établie à l'usage d'un de ses proches, Tschirnhaus, qui l'emporta avec lui dans son tour d'Europe. Sa proximité avec la version des *OP* montre, contrairement aux hypothèses précédentes, la grande stabilité du texte. Spinoza n'a pas retravaillé l'*Éthique* durant les deux années qui précèdent sa mort. Les seules exceptions sont sans doute déterminées par son ultime travail, la rédaction du *Traité politique* : par exemple, l'analyse de l'orgueil (*E* IV 49 dém.) qui, sans changer sur le fond, passe d'une explication « objective », à la troisième personne (« quelqu'un » : *si quis vides*...), à une présentation en première personne (« nous » : *si videmus*...), beaucoup plus intense rhétoriquement ; il est permis de penser que c'est la rédaction du paragraphe du *TP* sur la *superbia* des nobles qui a conduit Spinoza à revenir à son texte pour le rendre plus prégnant, étant donné son importance politique. Il n'y a pas lieu dans ce cas-là de modifier l'édition (c'est le dernier choix opéré par Spinoza qui constitue le texte légitime et rien ne permet de supposer qu'il a été modifié), mais simplement le changement mérite une note informant le lecteur de cette évolution. Il existe aussi quelques passages, rares mais décisifs, où l'on peut

1. Désormais : *OP*.

choisir la leçon du manuscrit du Vatican, pour des raisons de logique interne, par exemple lorsque nous découvrons l'expression *vita vitalis* en 1675, alors que nous lisons *vita rationalis* dans la version de 1677 (*E* IV app. chap. v); il est probable que Spinoza avait parlé de *vita vitalis* (une vie vraiment vivante, ou digne d'être vécue – c'est une formule attestée en latin classique, d'ailleurs) et que ses amis y ont substitué *vita rationalis* parce qu'ils ont cru à un lapsus.
Le volume que nous publions est donc bien une édition du texte des *OP*; nous n'avons pas l'illusion de reconstruire le manuscrit de Spinoza, que nous ne possédons pas. Les deux autres sources sont là pour confirmer ou corriger à la marge lorsque la leçon latine de 1677 est intenable; au fond, nous sommes autorisés à penser que les amis de Spinoza ont modifié à tort le texte lorsque nous pouvons reconstituer le processus qui les y a conduits – souvent, le souci d'améliorer le latin, c'est-à-dire de le rapprocher de ce qu'ils considéraient comme des tournures plus classiques. Les fautes de lecture ne sont pas toujours dues à la négligence : elles viennent parfois d'un trop grand souci de bien faire.
Le grand apport des travaux d'Akkerman, en dehors même de cet ouvrage, consiste à nous faire mieux connaître la langue et la culture de Spinoza. Un latin du XVIIe siècle, au lexique enrichi par les apports, par exemple, de la scolastique, y compris la scolastique réformée des Universités et des manuels de son temps; et une grammaire plus souple que la grammaire scolaire normée à partir des usages de Cicéron ou César. Il ne faut donc pas céder à la tentation (certains l'ont fait) de « corriger », c'est-à-dire d'appauvrir, sa langue sous prétexte de la rendre plus correcte (en fait de la rendre plus conforme aux modèles artificiels établis par l'institution scolaire).

CP : *Vous avez déjà traduit le* Traité politique *(publié en 1979 aux éditions Répliques), ainsi que le* Traité théologico-politique *(avec Jacqueline Lagrée, publié en 1999 dans la même collection que cette* Éthique*). Y a-t-il des termes dont la traduction s'est révélée particulièrement complexe et, si c'est le cas, pourriez-vous donner un ou deux exemples en justifiant vos choix ? Cette traduction de l'*Éthique *a-t-elle posé des problèmes spécifiques ?*

PFM : Il existe deux écueils dans la traduction des textes à contenu théorique, qui articulent nécessairement un lexique technique à l'usage d'une langue naturelle. Une première tendance, moins répandue aujourd'hui, en tout cas dans les traductions universitaires, consistait à négliger cette technicité, donc à ne pas prêter attention à la rigueur du lexique spécialisé, surtout lorsqu'il est de fait greffé sur le lexique commun (les philosophes ne fabriquent pas tous des mots artificiels, ils préfèrent souvent donner un sens nouveau à un terme courant; c'est par exemple ce que fait Spinoza pour « sympathie » et « antipathie »); cette négligence conduit à bouleverser les équilibres sémantiques de l'original et par exemple à traduire par des termes français différents un terme latin employé par l'auteur dans un unique sens. Le prétexte était évidemment d'éviter les répétitions, de rendre la traduction moins lourde ou, plus subtilement, de préserver l'équilibre sémantique de la phrase (et là, ça peut se discuter : c'est vrai que tel substantif, qui s'accorde bien avec tel verbe en français, détonne quand il se trouve accolé à tel autre ; il y a donc un vrai problème de choix entre l'équilibre de l'ensemble et l'équilibre du détail).

La seconde tendance, souvent née en réaction aux excès de la première, consiste à surestimer la technicité de l'original, c'est-à-dire à oublier que l'auteur écrit dans une langue naturelle, qu'il ne modifie qu'à un certain degré – d'ailleurs, passé ce degré, il serait simplement illisible. La variante la plus violente : créer des mots alors que l'auteur n'en crée pas. Une variante plus modérée (mais impossible à tenir sur le long terme) : prétendre traduire toujours le même mot par le même mot. C'est croire que les langues sont des nomenclatures que l'on peut faire correspondre terme à terme et ignorer qu'un mot unique a, dans une même langue, plusieurs champs sémantiques ; la somme de champs représentée par un mot latin ne trouve pas forcément en face d'elle la même somme en français. La solution consiste à traduire non pas un mot pour un mot, mais un champ sémantique pour un champ sémantique, et à établir un glossaire pour indiquer au lecteur l'ensemble des termes de la langue d'arrivée qui rendent un terme unique de la langue de départ.

Le choix des termes ne s'effectue pas toujours sur un terme isolé : lorsque la teneur théorique du vocabulaire devient plus serrée, on est parfois amené à réfléchir sur des séries entières. Si Spinoza emploie *affectio* et *affectus* en leur donnant des sens visiblement différents, il faut choisir des mots différents – si l'on réserve « affection » pour le premier, on peut penser par exemple à « passion » pour le second ; le problème est alors que Spinoza emploie aussi *passio*, qu'il distingue d'*affectus*. Il faut donc trouver autre chose. J'aurais pu au contraire garder « affection » pour *affectus* et choisir « modification » pour *affectio* (qui a un sens moins « affectif »). Mais là, on perdait encore l'affinité étymologique et phonétique entre les deux termes, qui n'est pas dépourvue de signification. J'ai choisi la série « affection », « affect », « passion ». On tombe alors sur un autre problème : celui de l'acceptabilité. Au début du XXe siècle, Appuhn, qui rendait *affectus* et *affectio* par l'unique « affection » regrettait de ne pas pouvoir utiliser « affect », qui n'existait pas en français. À l'époque, il n'avait pas tort : il considérait donc que le terme n'était pas acceptable pour le lecteur francophone. Il se trouve qu'un siècle plus tard, la situation a changé : les traductions de Freud et plus généralement l'usage assez courant de termes à connotation psychologique dans le français usuel ont rendu « affect » acceptable. En outre, il a une famille en français (affectif, affection, affectueux, affecter…) qui contribue à le rendre immédiatement intelligible. Le lecteur n'a pas (ou n'a plus) l'impression d'un mot artificiel.

La question se pose différemment avec *pathema* (*E* III déf. générale des affects). Un mot que Spinoza n'utilise qu'une fois dans l'*Éthique* (il l'avait déjà employé une fois dans le *Traité théologico-politique*), sans le définir. Il n'existe pas en latin classique, c'est un mot grec parfois introduit au sein du latin du XVIIe siècle. Le terme « pathème » existe bien en français actuel dans le lexique de certaines disciplines scientifiques (linguistique, sémiotique, herméneutique biblique) pour désigner une unité de sens du domaine affectif (il est visiblement fabriqué sur le même modèle que morphème, lexème…), mais il n'est pas passé dans le langage courant, à la différence d'« affect » ; et il n'a pas de famille proche (car « pathos », « pathétique » et « pathologie », pour des raisons diverses, en sont assez éloignés dans leurs acceptions les plus usuelles). Fallait-il alors recourir à une circonlocution, au risque de le surexposer ? J'ai finalement choisi néanmoins « pathème », en estimant qu'il paraîtrait juste aussi technique qu'il devait le paraître en latin aux lecteurs du XVIIe siècle – surtout pour ceux qui ne savaient pas le grec. J'ai donc assumé un degré plus faible d'acceptabilité, en admettant qu'il correspondait au même degré dans la langue de l'original. Ce qui implique, entre autres, qu'une des tâches du traducteur est d'évaluer l'inclusion des mots de l'une et l'autre langue dans les différents cercles qui vont du strictement technique au familier, en passant par l'usuel et le semi-technique (une catégorie intéressante, car c'est là que passent les mots spéciaux avant de pénétrer ou non dans la langue courante). Évidemment les frontières de ces cercles varient historiquement, parfois très vite. C'est d'ailleurs une des raisons pour lesquelles les traductions se périment.

CP : *La remarquable introduction que vous avez rédigée avec Piet Steenbakkers, qui constitue une leçon pratique pour l'édition d'un texte, pose la question de l'authenticité et de l'autorité, ainsi que celle de la vérité et du sens. Pourrait-on repérer dans les règles d'interprétation énoncées dans le* Traité théologico-politique *des normes qui président de nos jours à l'établissement de textes comme celui de l'*Éthique ?

PFM : Nous n'interprétons pas, ou si peu…
Quant aux règles d'interprétation du *TTP*, il faut bien voir qu'elles constituent une interprétation anti-herméneutique : ce qui les caractérise c'est la nette séparation du sens et de la vérité. Dans un premier temps, on rassemble toutes les déterminations qui produisent objectivement le sens du texte : ce qui le constitue linguistiquement, historiquement, philologiquement ; ensuite seulement, et séparément, on s'interroge sur sa vérité. Il n'y a pas de cercle herméneutique. En ce sens la démarche est résolument matérialiste.
Cela dit, Spinoza ne se souciait pas au premier chef d'*éditer* le texte de la Bible, même si, aux dires de ses amis, il avait pensé à faire une traduction du Pentateuque (et dans une traduction, même si l'on n'établit pas le texte original, il y a toujours un geste d'édition, ne serait-ce que celui, minimal et parfois irréfléchi, qui consiste à assumer les choix de l'édition à partir de laquelle on travaille). Ses règles d'interprétation concernaient un objet écrit composite, dont il refusait de présupposer l'unité textuelle (ce que les réformés appelaient « l'analogie de la foi ») et il travaillait sur des textes déjà établis. Son propos était de construire les instruments intellectuels pour comprendre le sens et la visée de ces textes – par exemple : les auteurs et leurs mentalités, les genres littéraires, les institutions. Nous pouvons bien sûr, *mutatis mutandis*, nous inspirer de l'esprit de son travail lorsque nous publions des éditions et des traductions ; mais se réclamer des principes ne suffit pas : chacune de ces activités suppose la construction d'instruments spécifiques, perfectibles, que l'on apprend à manier par expérience.

CP : *Une grande partie des notes est consacrée aux sources de Spinoza : Descartes, Heereboord, Térence, Cicéron… Cette édition est l'occasion de diffuser les récentes avancées en matière d'intertextualité. Vous vous refusez au contraire de mentionner les interprétations actuelles dont l'*Éthique *fait l'objet. Cela a-t-il été commandé par des raisons pratiques (leur foisonnement actuel rend impossible leur signalement),* *ou par la nature même de cette édition ? Dans le même ordre d'idées, avez-vous envisagé de signaler au lecteur les choix faits par d'autres traducteurs ?*

PFM : Il faut s'entendre sur le terme : il n'est pas question de noyer le texte de Spinoza sous de prétendues sources – comme ce fut le cas à certains moments de l'histoire des études spinozistes. Ce que nous avons voulu faire, c'est indiquer trois types de références : d'abord des renvois internes à l'œuvre de Spinoza ; ensuite des passages d'auteurs dont nous savons qu'il les a lus (de Térence et Tacite à Maïmonide et Descartes) – afin d'éclairer ce qu'il en dit ou de donner les moyens d'évaluer comment il les utilise ou les critique ; enfin des auteurs que Spinoza n'a sans doute pas lus, mais qui permettent d'établir l'existence de traditions ne serait-ce que lexicales qui forment la culture commune où il prend ses matériaux – et que ses lecteurs d'alors reconnaissaient, au même niveau, sans difficulté.
Quant aux interprétations, elles ne sont pas si foisonnantes que cela : elles se laissent facilement ranger dans quelques grandes catégories, avec certes des variantes. Si nous ne souhaitons pas mélanger édition et interprétation, c'est parce qu'il s'agit d'abord de donner au lecteur les moyens de lire le texte ; bien sûr cela suppose parfois une interprétation minimale ; mais souvent la grammaire et la précision historique (y compris concernant l'histoire intellectuelle) suffisent. Ce n'est pas le lieu de donner notre interprétation générale du système ni d'en présenter d'autres, passées ou présentes. Elles sont disponibles ailleurs.
Les choix faits par d'autres traducteurs ? Non – chacun justifie, ou non, ses choix pour des raisons internes ; il était plus intéressant de situer le lexique de Spinoza dans son contexte – non pas son époque mais la part de son époque qui a pu agir directement sur son lexique. D'où le tableau (annexe III) qui répertorie systématiquement les mots latins choisis par Spinoza pour désigner les affects avec d'un côté les mots français de Descartes et de l'autre les mots latins qui traduisent ces mots français dans la traduction que Spinoza avait sous les yeux, et par laquelle il accédait à la théorie cartésienne des passions.

CP : *Une telle édition scientifique a évidemment pour première destination les chercheurs en histoire de la philosophie. Elle va néanmoins servir de référence, non seulement pour des éditions étrangères, comme c'est déjà le cas, mais aussi pour d'autres éditions à venir plus « grand public ». Est-ce là pour vous une illustration de l'actualité du travail de l'historien de la philosophie ? Pourrait-on imaginer que le texte soit réédité en un format poche pour qu'il soit davantage accessible aux étudiants ?*

PFM : Il n'est pas très cher sous sa forme actuelle, notamment grâce aux subventions du CNL et des laboratoires, l'IHRIM et le labex COMOD. Après, le type de diffusion dépend des choix de l'éditeur, les P.U.F. en l'occurrence.
Quant à l'actualité du travail de l'historien de la philosophie, il faut distinguer plusieurs temporalités. Le XIXe siècle a connu des éditions, des traductions et des études qui étaient liées à une actualité immédiate : une actualité philosophique, certes (le conflit du panthéisme, l'idéalisme allemand, le ou les spiritualismes français, les rationalismes et matérialismes de la fin du siècle), mais aussi, par l'intermédiaire de ces positions philosophiques, une actualité religieuse ou politique,

puisque les unes ont les autres pour enjeux et déterminants. C'est vrai pour Spinoza comme pour d'autres auteurs. Regardez le dossier animé par Félix Barancy dans le numéro d'*Astérion* sur les éditions au XIXe siècle des auteurs du XVIIIe et du XIXe siècles : c'est tout à fait révélateur de ces enjeux du travail d'édition qu'*a priori* l'on pourrait croire antérieur, donc extérieur, aux conflits et aux révolutions qui secouent le siècle. Il faut d'ailleurs se garder de juger insignifiant un tel travail sous prétexte qu'il est un instrument au service d'autres fins : c'est à cause de ces fins qu'il se donne les moyens d'être effectif, sans quoi il leur serait inutile ; et surtout, comme tout instrument, il produit des effets inattendus et peut être utilisé dans d'autres sens que ceux pour lesquels il a été construit. La traduction de Saisset est explicitement faite pour lutter contre le « panthéisme » attribué à Spinoza et, plus encore, pour défendre les spiritualistes éclectiques contre le même reproche qui leur est adressé par la droite catholique, donc pour assurer leur place centrale sur l'échiquier politico-religieux des régimes successifs ; mais en même temps, elle va permettre à nombre de gens qui n'avaient pas lu Spinoza de le découvrir et d'en tirer des enseignements différents du spiritualisme ; elle va contribuer à faire pénétrer en France les discussions sur le statut et l'interprétation de la Bible qui avaient commencé en Allemagne ; elle sera l'objet de lectures qui l'inscriront, à la fin du siècle, dans la naissance des sciences humaines (on a découvert récemment un texte inédit de Lévy-Bruhl qui lisait Spinoza dans la traduction Saisset, mais réorientait la lecture sur *Éthique* III et la doctrine des affects – lui qui dira, quarante ans plus tard, que son intérêt pour l'anthropologie n'était pas hérité des ethnologues mais de Hume et Spinoza). Bien sûr, dans le cas de ces formes d'actualité immédiate, c'est plus souvent l'imaginaire du système que son effectivité qui est productive. Mais après tout l'imaginaire se forge toujours sur un noyau de réalité.

Une autre temporalité est, au contraire, celle de l'actualité médiée – médiée par l'actualité scientifique, c'est-à-dire en l'occurrence philologique et systématique : d'une part, la connaissance des structures du système et de la production d'outils d'intelligibilité dans le cadre de ces structures ; et d'autre part, pour que cette connaissance soit possible, la connaissance la plus exacte des textes, de leurs significations et de leur mode de fonctionnement, parce que nous ne connaissons ces structures et ces outils qu'à travers la lettre des textes où ils se sont constitués. Si cela a un sens d'utiliser aujourd'hui ces outils pour comprendre notre réalité sociale et historique, il faut se rappeler que l'on n'use bien d'un outil que si on le maîtrise, si on a appris à en tirer le maximum de ses effets : cet apprentissage, c'est la médiation nécessaire qu'est l'approche rigoureuse, philologique et systématique, de la doctrine. Même si, ensuite, pour viser de nouvelles réalités ou de nouvelles contradictions, on a besoin d'extraire ces outils de la systématicité qui leur a donné forme.

CP : *La publication de l'*Éthique *de Spinoza dans cette collection fait suite à celle du* Traité théologico-politique, *des* Premiers écrits *(*Traité de la réforme de l'entendement *et* Court traité*) et du* Traité politique. *Elle s'inscrit dans un projet de publication des œuvres complètes en version bilingue, devant prendre en compte les plus récentes découvertes des recherches spinozistes, en matière d'établissement du texte notamment. Cette activité éditoriale des œuvres de Spinoza, qu'on peut qualifier de scientifique, coexiste avec un foisonnement de* *publications récentes, notamment en ligne, et dont certaines s'adressent davantage au « grand public ». D'aucuns proposent leurs propres traductions de Spinoza et ne font pourtant pas partie du monde universitaire. Comment expliquez-vous cette « actualité de Spinoza », qui concerne à la fois le monde universitaire et celui du grand public ? Cette coïncidence n'est-elle pas exceptionnelle ? Plus largement, comment expliquez-vous l'actualité de Spinoza ?*

PFM : C'est bien que beaucoup s'essaient à traduire : cela montre peut-être qu'une plus grande conscience philologique se répand en France. Ce n'est pas trop tôt. Il faut encourager chacun à affronter le texte ; en traduisant, s'il sait assez de latin, et sinon en lisant texte et traduction ; en réfléchissant sur la traduction, ou les traductions possibles des mots clefs – qui ne sont pas nécessairement les termes fondamentaux du système (disons : Dieu, substance, attribut, mode) ; ce sont plutôt, pour chaque lecteur, les mots porteurs des questions qu'il aborde dans le système.
Il me semble que même sur les auteurs dont on n'est pas spécialiste, même si l'on n'est pas philosophe ou si l'on n'est pas universitaire, on ne connaît jamais aussi bien un texte que si on l'a traduit – de même que l'on ne connaît jamais aussi bien un livre que si l'on en a expliqué (au sens de l'explication de texte) au moins un passage. C'est le prix à payer pour ne pas se contenter de résumés et d'approximations, et pour ne pas croire retrouver chez un auteur des banalités que l'on aurait pu trouver tout aussi bien dans l'air du temps.
C'est pourquoi l'actualité a un double sens : soit il s'agit de courants superficiels, qui découpent chez un auteur des formules que l'on peut coller sur n'importe quelle idéologie (le « développement personnel », par exemple), soit il s'agit d'un véritable travail d'actualisation. Celui-ci a des conditions rigoureuses. Les instruments de pensée (un concept, ou un dispositif de concepts, ou une démarche méthodologique) ont en commun avec les autres instruments – les outils matériels, par exemple – quelques caractéristiques : ils sont utilisables par d'autres que ceux qui les ont fabriqués, ils sont applicables à d'autres objets que ceux pour lesquels ils ont été fabriqués, ils sont perfectibles, ils ne sont pas « transparents » : autrement dit, ils fonctionnent selon un certain mode d'emploi, ils ne peuvent être réparés que si on en connaît le mode de fabrication, leur maîtrise exige un certain apprentissage, sans quoi on risque de les détériorer. Donc si Spinoza, Hegel ou Marx ont fabriqué des instruments de pensée, on peut, on doit, les reprendre, les perfectionner et les réutiliser ; mais il faut d'abord apprendre à s'en servir, c'est-à-dire apprendre à maîtriser l'architecture du système, qui leur confère leur puissance et leur utilité ; c'est pourquoi les « actualisations » faites à la hâte par des gens qui ne maîtrisent pas le système sont comme l'activité de gens qui tenteraient d'utiliser une machine sans apprentissage.

Propos recueillis par Jacques-Louis Lantoine

PARUTIONS

SPINOZA TODAY Agon Hamza et Frank Rud (eds.)

Crisis and Critique, vol. 8, Issue 1, 9 August 2021

On ne rendra pas compte dans le détail de ces 653 pages qui réunissent 30 contributions en anglais signées par les commentateurs les plus célèbres du monde entier. Elles permettent cependant de tracer les grandes lignes d'un portrait du Spinoza d'aujourd'hui. Cet aujourd'hui est d'abord largement déterminé par des figures du XXe siècle. La présence massive des références à Althusser et à Deleuze indique à elle seule que la réception de l'œuvre de Spinoza en France dans les années soixante a joué un rôle crucial dans la formation de ce qu'on y lit et y cherche aujourd'hui. C'est notamment un Spinoza très politique qui ressort de cette lecture. Pas loin de la moitié des contributions sont consacrées directement à la question, sans compter les articles qui touchent à ces enjeux par des biais plus anthropologiques ou ontologiques. Alors que la philosophie politique de Spinoza apparaissait encore, jusqu'à la seconde moitié du XXe siècle, comme une répétition moins convaincante de celle de Hobbes, elle constitue aujourd'hui l'un des sujets de prédilection de la recherche spinoziste. À l'inverse, et symptomatiquement, les articles consacrés à la métaphysique ou à l'amour intellectuel de Dieu, à l'horizon éthique de la béatitude ou à la libération à l'égard des affects passifs, sont minoritaires voire inexistants. La partie V de l'Éthique, surtout à partir de la proposition 21, n'intéresse pas grand monde aujourd'hui, du moins pour elle-même, et le mot « révolution » est mobilisé, sauf erreur, 12 fois plus que celui de « béatitude », et autant que celui de « joie ».

Ce premier constat va de pair avec un deuxième trait caractéristique du Spinoza d'aujourd'hui : son naturalisme singulier, son rationalisme intégral et ce qu'on peut appeler une certaine forme de matérialisme, offrent l'occasion d'un dialogue et constituent une alternative avec les tendances les plus contemporaines en éthique, en écologie, ou bien encore en théorie sociale. Certaines conclusions, parfaitement logiques dans le système spinoziste, apparaissent comme paradoxales quand on les confronte aux conclusions de ceux qui par exemple se revendiquent naturalistes aujourd'hui. L'œuvre de Spinoza revêt aujourd'hui encore une dimension critique, qui lui permet d'affronter des problèmes que ce philosophe ne s'était pourtant pas posés lui-même, et d'en proposer des lectures et des solutions originales. C'est peut-être cela qui frappe le plus à la lecture de ce numéro : lire Spinoza aujourd'hui reste non seulement pertinent, mais aussi perturbant.

On s'étonne de l'absence de contributions consacrées à l'épistémologie spinoziste, au rapport que la philosophie de Spinoza peut avoir avec les sciences, notamment les sciences de la nature. Mis à part quelques allusions, force est de reconnaître que les thèmes de la connaissance, de l'idée vraie, mais aussi de la physique, de la biologie et des sciences cognitives, sont singulièrement absents de ce numéro. Autant la relative discrétion des thèmes métaphysiques et éthiques, comparée au thème politique, reflète effectivement une forte tendance de l'interprétation de Spinoza aujourd'hui et depuis quelques décennies maintenant, autant la quasi-absence de mentions du dialogue entre l'œuvre de Spinoza et les recherches en sciences de la nature (quelques pages et quelques notes renvoient à Damasio), qui jouit pourtant d'une certaine vitalité aujourd'hui, interroge.

Jacques-Louis Lantoine

SPINOZA ET LEIBNIZ : RÉCEPTION ET USAGES CROISÉS DANS LA PENSÉE MODERNE ET CONTEMPORAINE

Thomas Detcheverry et Arnaud Lalanne (dir.)

Lumières 37/38, 1er et 2nd semestre 2021, Bordeaux, Presses universitaires de Bordeaux, 2022

Se pencher sur la réception et les usages, entre les XVIIIe et XXe siècles, de deux philosophes aussi différents que Spinoza et Leibniz, comme le fait ce numéro de la revue *Lumières*, permet d'insister sur les différentes modalités des usages qui peuvent être faits des penseurs du passé dans l'histoire de la philosophie, et sur leur caractère situé et pragmatique. Il ne s'agit pas seulement de montrer comment ont été compris ces deux auteurs durant les trois siècles et plus qui nous séparent de leur mort, mais également de mettre en évidence la pluralité et la complexité des appropriations ou rejets, souvent contre-intuitifs, qui ont pu être faits de leur philosophie, de leurs concepts, de leurs arguments, et parfois tout simplement de leur nom. C'est la raison pour laquelle la réception et les usages qui sont étudiés dans ce numéro sont croisés : on montre le fonctionnement d'un usage et d'une réception d'une œuvre en la plaçant en regard de ceux d'une autre. Un ensemble de déplacements, d'appropriations, de diffractions et de détournements, ou alors d'identifications et de revendications de figures est ainsi mis au jour. On use des noms propres comme d'étiquettes qui font autorité ou imposent un stigmate – usage étendard ou symbolique – ou comme des signes de ralliement ou d'invective – usage polémique –; on use de leurs écrits comme de boîtes à outils où l'on puise des arguments et des concepts – usage technique –, quitte à les détourner de leur sens – usage tactique – ou à les faire servir à de tout autres problèmes – usage stratégique. On peut encore en faire un usage esthétique. Ces usages sont étroitement corrélés mais ne dépendent pas absolument des réceptions et de la connaissance de ces auteurs : paradoxalement, ce n'est pas parce qu'on connaît mieux un auteur qu'on s'en sert mieux, même si une condition pour s'en servir bien est qu'on le comprenne bien. Finalement, on en apprend beaucoup aussi sur l'histoire des *modalités* de réception, et on peut se demander à ce propos pourquoi le titre parle de « réception » au singulier.

Une des difficultés soulevées par cet ouvrage est qu'il s'agit parfois moins de traiter de la réception et des usages de Spinoza et de Leibniz, que de traiter de la façon dont des commentateurs récents ont interprété certains débats philosophiques postérieurs à ces deux auteurs en mobilisant, sinon leur philosophie, du moins les usages et les réceptions qui en étaient faites à cette époque. C'est ainsi que François Duchesneau remet en question une certaine interprétation du débat entre Diderot et Maupertuis à propos de la formation des corps organisés. Certains commentateurs ont en effet identifié chez ceux-ci, en deçà de leur opposition apparente, ce qu'ils ont appelé un « spinozisme » ou un « néo-spinozisme », moins d'après les thèses qu'on trouve effectivement dans les œuvres du philosophe hollandais, que d'après ce que les philosophes des Lumières pouvaient en connaître, notamment d'après le *Dictionnaire* de Bayle. Pourtant, comme le montre FD, tandis que Diderot et Maupertuis font usage de l'idée leibnizienne d'éléments corporels doués de perception et de sensibilité, seul Diderot propose d'étendre le concept de nature auto-suffisante au tout substantiel de l'univers, apparaissant ainsi comme « spinoziste ». Le refus de cette extension par Maupertuis, qui prétend réserver ce modèle au vivant et au corps organique, apparaît à FD comme l'expression d'une représentation de la nature plus conforme à ce qu'il appelle un schème néo-leibnizien. On le voit, il est moins question ici d'une réception de Spinoza et de Leibniz par Diderot et Maupertuis, que d'une réception et d'un usage des noms « spinozisme » ou « leibnizianisme » tels qu'ils sont interprétés par des commentateurs à l'aune de ce que des philosophes des Lumières pouvaient en savoir et en faire. Les réceptions et usages ne sont plus seulement croisés, mais sont aussi diffractés par des réceptions et usages intermédiaires qui précèdent et succèdent au débat entre Diderot et Maupertuis.

Cette diffraction, au siècle des Lumières, est d'abord due à la réception contrastée des deux auteurs. Claire Fauvergue éclaire ainsi certains présupposés du débat évoqué ci-dessus entre Maupertuis et Diderot. Elle rappelle d'abord qu'au XVIIIe siècle, le « spinozisme » ne renvoie pas à Spinoza mais à toute doctrine plus ou moins déterministe, tandis que le « leibnizianisme » renvoie plus exactement à la philosophie de Leibniz. D'un point de vue plus critique, Leibniz peut parfois apparaître comme spinoziste quand il s'agit pour les philosophes des Lumières de critiquer l'abstraction et l'esprit de système. Toutefois, les encyclopédistes, qui privilégient la critique de l'abstraction, réservent davantage leurs traits à Spinoza, dont la langue est comparée à du chinois. C'est cependant cette même abstraction qui permet à Diderot de fournir une interprétation moniste matérialiste tant de Spinoza que de Leibniz, à même de lui permettre de déterminer le principe qui agit dans la nature. L'idée de « matière sensible » vient ainsi réunir Leibniz, Aristote et les « spinozistes modernes ». Les usages techniques se mêlent ainsi et sont déterminés par une réception de figures déterminée par des usages d'identification souvent chargés de sens polémique, plus que de textes approchés dans une attitude scrupuleuse de philologue.

Les diffractions imposées par la réception contrastée sont encore accrues par les détournements dont les usages peuvent être la source. Guillaume Coissard étudie ainsi l'utilisation paradoxale de *topoï* leibniziens dans la construction des philosophies matérialistes de d'Holbach et La Mettrie.

La radicalité de ces penseurs s'est moins construite à l'aune du système spinoziste qu'à partir de concepts, images et arguments puisés chez Leibniz. Celui dont la philosophie est toujours apparue modérée a donc pu servir à l'élaboration de pensées radicales. Il s'agit tout à la fois d'une réception, d'un usage, et d'un détournement : d'Holbach a recours à des termes et des images issus de Leibniz, mais il en change la signification afin de défendre un nécessitarisme résolument antifinaliste. La Mettrie, quant à lui, récupère des arguments de Leibniz en faveur de l'harmonie préétablie, mais pour en tirer des conséquences opposées puisqu'il s'agit de soutenir le caractère tout entier matériel de l'être humain. À chaque fois, il n'est pas tant question de trahir sa source que d'en subvertir le système par ce qu'ils considèrent comme des tendances intrinsèques au système. La mise en évidence de ces usages différenciés de Leibniz permet de nuancer, dans la réception qui en est faite, l'opposition entre celui-ci et Spinoza, et de préciser ce qu'user d'une philosophie veut dire : la réception ne va pas sans une certaine appropriation qui ne s'embarrasse pas d'une quelconque infidélité à l'égard du système dont on détourne et exploite les potentialités.

Ces usages qui sont faits de Leibniz et de Spinoza au XVIIIe siècle doivent être distingués de certains usages des figures de Leibniz et Spinoza au XIXe, où on s'attache davantage à les identifier à des moments historiques au principe de la modernité et, le cas échéant, de ses conflits. Lucas Pétuaud-Létang étudie ainsi le traitement que Hegel réserve à Spinoza et à Leibniz dans son histoire de la philosophie, et insiste sur le caractère logique – et pas seulement chronologique – du dépassement du premier par le second. La réception hégélienne des deux philosophes ne consiste pas à en faire usage, mais à les intégrer dans la logique même du développement historique. Aussi différente soit-elle par ailleurs, il en va un peu de même de la publication et du traitement par Foucher de Careil des notes de Leibniz sur le chapitre IV de l'ouvrage de Wachter sur la Cabale, où celui-ci expose les œuvres Spinoza. Comme l'explique Arnaud Lalanne, il ne s'agit pas vraiment d'user de Spinoza et de Leibniz en tant que tels, mais de mobiliser ces figures dans une histoire de la philosophie qui a Descartes pour principe et Victor Cousin, son cartésianisme éclectique et le spiritualisme chrétien, pour points d'arrivée. Sauver Descartes du spinozisme peut en effet passer stratégiquement par la mise en exergue de la « réfutation » par Leibniz de Spinoza, de façon à dégager « deux Descartes » et deux réactions possibles au naturalisme de l'auteur du *Discours de la méthode*.

On ne peut pas réduire cet « usage » des figures de Spinoza et Leibniz au XIXe siècle à une simple utilisation rhétorique ou politique de leurs figures. C'est encore moins le cas pour ce qui concerne leur réception dans la psychopathologie française de cette époque. Certes, Romain Hacques met en évidence le caractère stratégique et polémique de l'invocation de leurs figures, qui permettent la cristallisation des débats, mais il met également en exergue l'usage scientifique ou technique de leurs philosophies, par Ribot et Janet notamment. S'il est convenu de mobiliser des grands noms pour structurer les débats, clarifier les polémiques et identifier les positions, on assiste chez ces deux psychologues à un usage argumentatif. Ainsi par exemple, Ribot s'empare de Leibniz pour asseoir la possibilité d'une psychologie qui ne soit pas fondée sur la conscience, mais il ne convoque Spinoza qu'en tant que cristallisateur d'une position théorique qui consiste à refuser l'idée d'inconscient psychique, au profit d'un inconscient physiologique. Janet convoque alors à son tour Leibniz pour critiquer Ribot et affirmer l'idée d'une conscience obscure, non sans prétendre tester expérimentalement ce qui sinon s'apparenterait aux « théories un peu transcendantes » de Colsenet, à qui l'on doit d'avoir posé les termes du débat à l'aune de Leibniz, et de Bouillier, qui défendait cette idée de conscience obscure contre l'idée d'inconscient psychique chère à Hartmann. C'était cependant sans compter sur une inflexion importante des recherches de Janet, qui le conduit à abandonner toute référence à Leibniz et à se tourner vers Spinoza, dont l'usage se distingue alors doublement de celui qu'en fait Ribot : il est cette fois pleinement argumentatif, car il s'agit de ne plus traiter le sentiment et les représentations comme des effets de mécanismes inconscients organiques, mais plutôt comme conscience du rapport de l'esprit et du corps à l'action, rapport pensé en termes d'aide ou de contrariété. C'est à cette condition qu'est pensable l'idée de délire, où l'esprit s'autonomise en quelque sorte du corps. L'usage de Spinoza intervient dans un contexte problématique fort différent de celui des débuts sur la question de l'inconscient et de la conscience.

De tels usages dépendent évidemment d'une modalité de réception différente de celle qui était de mise au siècle précédent, notamment d'une meilleure connaissance de l'œuvre de Spinoza. À ce sujet, on pourrait regretter que les conditions et les contextes de publication des œuvres des deux philosophes classiques n'aient pas fait l'objet d'une étude. Quoi qu'il en soit, la réception et l'usage de philosophies d'un autre temps répondent toujours à des problèmes qui ne sont pas les leurs, même s'ils en ont l'apparence. Aussi faut-il paradoxalement toujours faire davantage preuve de prudence quand il s'agit de leur reprocher ou de les saluer pour ce qu'ils ont fait ou n'ont pas fait, et peut-on faire moins preuve de scrupules quand il est question de leur emprunter concepts, méthodes, arguments ou images : dans le premier cas, on risque de leur prêter des affirmations ou négations qui ne pouvaient pas être les leurs, tandis que dans le second, on leur fait jouer des rôles dont on sait qu'ils leur étaient étrangers. C'est ce que montre le cas de Cantor étudié par Mattia Brancato. Le mathématicien reçoit de Spinoza son concept d'infini absolu, et identifie dans l'idée de modes infinis l'équivalent de ce qu'il nomme le transfini. Il repère également chez Leibniz la notion d'infini actuel. Il leur reproche cependant, comme à tous leurs contemporains, d'avoir rejeté l'idée d'un nombre infini, rejet qui a fait obstacle à la découverte dont il est l'auteur. Mattia Brancato fait cependant remarquer que Cantor ne salue pas à sa juste mesure certains efforts de Leibniz de concevoir un tout infini, certes sous la forme d'une fiction. Surtout, le mathématicien ne voit pas que la *question* qui préside à leur rejet d'un nombre infini n'est pas la même que celle qu'est censée résoudre la notion de nombre transfini. À la question qu'ils se posaient – est-il possible de concevoir parmi les nombres naturels ou rationnels un nombre naturel ou rationnel infini ? – Cantor aurait répondu comme eux : c'est impossible. Aussi ne faut-il pas confondre les nombres transcendants et les nombres infinis, et ne pas projeter dans des philosophies des problèmes qui n'étaient pas les leurs.

D'autres modalités d'usage sont étudiées à propos de la réception de ces auteurs au XXe siècle, chez Deleuze et Borges. Thomas Detcheverry revient ainsi sur l'usage que fait Deleuze de la référence à Leibniz pour résoudre – sans y parvenir vraiment – le problème que pose son interprétation des passions tristes chez Spinoza comme séparation de l'individu d'avec sa puissance d'agir, interprétation qui risque de faire de l'essence une norme morale transcendante. C'est là une modalité d'usage fort différente, technique, de l'usage que le même Deleuze est supposé avoir fait de Leibniz dans *Le Pli*, qui relève, selon Mattia Geretto, du « vol stylistique ». Enfin, Fernando Bahr et Griselda Gaiada mettent en évidence un usage littéraire et fictionnel des métaphysiques de Spinoza et de Leibniz, au travers de l'œuvre de Borges. S'il y a bien partage d'un certain nombre de thèses (rejet d'un Dieu anthropomorphique, intérêt pour la notion d'expression), Borges s'intéresse moins à leur valeur de vérité – pour lui, les métaphysiques sont des fictions relevant du genre fantastique, et il les considère comme nécessairement partielles – qu'à leur valeur esthétique et affective.

Jacques-Louis Lantoine

ABSTRACTS

Actualité de Spinoza

Function in Biology: a Spinozistic Critique

Marc Daëron et Vincent Legeay

Philosophical and epistemological discussions in biology are focused on discursive aspects rather than the kinds of knowledge at work in studying the functioning of biological systems. We wish to show here that: 1) a critical approach of the kinds of knowledge is necessary to understand the key notion of biological function; 2) a Spinozistic critique, more suitably than all other philosophical analyses, reveals fundamental assumptions regarding functional statements that are impediments to apprehend the complexity of the living; 3) a localized Spinozistic critique, when applied to contemporary science, may hinder the biologist from endorsing a form of epistemological reductionism.

The Prophet and the Truth
A Spinozistic Approach to Modern Ecology

Moa de Lucia Dahlbeck

The modern international discourse on ecology has evolved into a movement that identifies itself with the discourse of scientific truth. The example of Greta Thunberg's calls for action illustrates how the movement's current identity involves an inherent paradox. On the one hand, it relies on the straightforward and self-explanatory nature of true ideas. On the other hand, it places its rhetoric power in the emotional impact for the spreading of these ideas. Spinoza's account of the relationship between reason and faith, such as this relationship appears when conjoining relevant sections from the *Ethics* with the *Theological Political Treatise*'s description of prophecy, is a suitable theoretical framework for making sense of the paradox inherent to modern ecology.

Spinoza and the Freedom of Philosophizing

Mogens Laerke

In this contribution, I return to the « freedom of philosophizing » that, according to the subtitle of his *Theological-political Treatise*, Spinoza sets out to defend. I show in particular how it refers to a complex and positive form of freedom, not to be confused with the conception of liberty of expression or « free speech » that is used in today's political discourse. I thus show that the freedom of philosophizing is not a civil right granted by the state but rather a style or mode of speaking whose authority rests on an inalienable natural right, inseparable from human nature.

Spinoza and the Power of Freedom of Thought

Blanca Missé

This paper provides a way out of the antinomy between liberalism or state « republicanism », in which the defenders of academic freedom often find themselves, and thus an understanding of academic freedom as something other than a special case of free speech, while avoiding making it the privilege of a social body (academics) from which the people would be excluded. Spinoza's philosophy allows us to redefine academic freedom as a modality of the freedom of thought, and more precisely of the freedom to philosophize, and it offers us a useful framework for understanding the role of public universities in the development of the thinking power of the citizen masses and their centrality in the maintenance of a democratic state.

Family Genetics. Nature and Culture according to Spinoza

Jacques-Louis Lantoine

In the *Treatise on the Emendation of the Intellect,* Spinoza observes that we know our parents only from hearsay. This conception of family implies an original way of thinking about institutions. Relying on Julie Henry's distinction, we may say that family does not exist by nature but exists as a natural effect. The univocity and diversity of causes ruling its constitution make the opposition nature/culture, and the attempt to explain social phenomena only by biological or environmental principals, both irrelevant.

FICHE DOCUMENTAIRE

2e TRIMESTRE 2022, N° 169, 128 PAGES

Ce numéro des *Cahiers philosophiques* traite de l'actualité de Spinoza d'un point de vue épistémologique, éthique autant que politique.
La rubrique « Introuvables » propose, en complément des articles du dossier, la traduction de plusieurs extraits de la *Physiologie de l'esprit*, publiée en 1876 par le psychiatre Henry Maudsley qui fait de la philosophie de Spinoza est une référence majeure de son propre travail.
La rubrique « Situations » présente un entretien avec Pierre-François Moreau autour de la dernière édition française de l'*Éthique* (P.U.F., 2020).
Plusieurs recensions d'ouvrages collectifs récents consacrés en totalité ou en partie à Spinoza viennent compléter cet ensemble.

Mots clés

Agon Hamza, Arnaud Lalanne, biologie, crise climatique, critique philosophique, désir, disposition, écologie, épistémologie, Frank Rud, finalisme, fonction biologique, Greta Thunberg, Henry Maudsley, liberté, liberté d'expression, liberté de philosopher, liberté académique, prophétie, psychiatrie, raison, Spinoza, téléologie, Thomas Detcheverry, volonté.

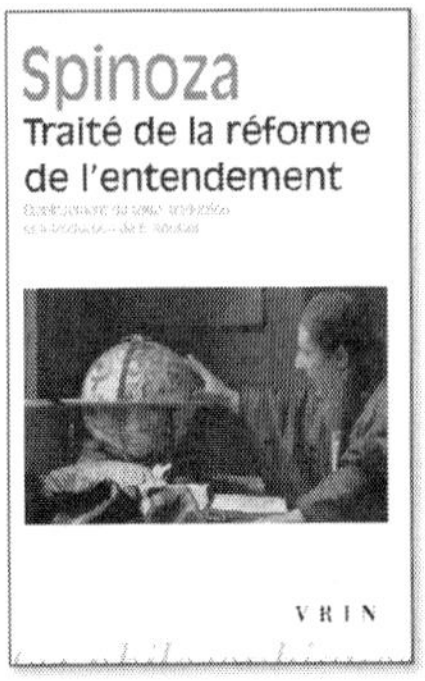

Vrin - Bibliothèque des Textes Philosophiques – Poche
128 p. - 11 × 28 cm - 2002
ISBN 978-2-7116-1569-8, 6,50 €

Traité de la réforme de l'entendement et de la meilleure voie à suivre pour parvenir à la vraie connaissance des choses

Baruch de Spinoza

A la différence du *Court Traité*, où Spinoza présente à ses amis l'essentiel de sa philosophie, le *Traité de la Réforme de l'entendement* paraît énigmatique par sa démarche, son style et son inachèvement. Une bonne part de la *Réforme* est faite d'objections et de réponses, Spinoza s'adressant plus largement aux lecteurs de Bacon, de Descartes et de tous ces correspondants qui voient dans ses vérités des « paradoxes ». Mais l'ouvrage, conformément à l'usage traditionnel, est d'abord l'état d'une expérience philosophique et de la joie qu'il y a à engendrer le Système du Vrai, un engendrement qui nous mène à notre liberté et donc à notre félicité.

Établissement du texte, traduction et introduction par B. Rousset

Spinoza

Union et désunion

Pascal Sévérac

Pour beaucoup, philosophes ou non, Spinoza est avant tout le nom d'un affect : lire Spinoza, penser avec Spinoza, se servir de Spinoza, ce n'est pas simplement gratter un vieil os avec indifférence; c'est chercher, à travers l'épreuve d'une pensée à la radicalité certaine, une véritable modification de soi. Toute la philosophie de Spinoza peut dès lors être lue à travers cette prespective : comment se modifier soi-même, en comprenant et transformant son union – affective – avec les choses, avec les autres, avec Dieu. Comment s'unir pour devenir plus ferme, plus fort, plus libre – plus éternel en somme. Comment s'unir… au risque de se désunir.

Vrin - Bibliothèque des Philosophies
272 p. - 13,5 × 21,5 cm - 2011
ISBN 978-2-7116-2344-0, 27 €

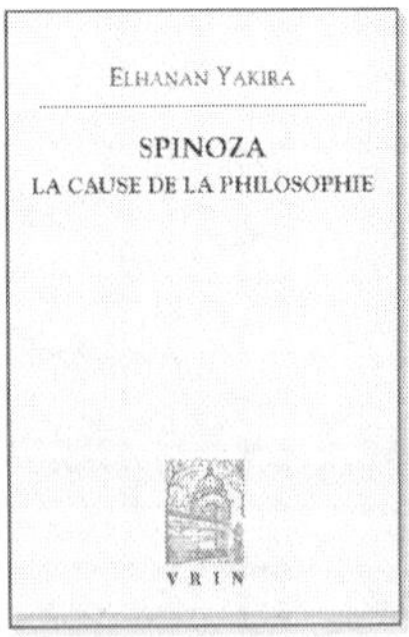

Vrin - Bibliothèque d'Histoire de la Philosophie
376 p. - 13,5 × 21,5 cm - 2017
ISBN 978-2-7116-2731-8, 38 €

Spinoza

La cause de la philosophie

Elhanan Yakira

Le centre vivant de toute l'œuvre de Spinoza réside dans la relation radicalement iconoclaste qu'elle entretient avec « la » religion en vue de la destituer au profit de la *Cause de la philosophie*. On savait déjà combien Spinoza soumet la religion à l'autorité civile, mais l'originalité de cet essai est de montrer que seule la philosophie doit s'approprier le désir « du salut, de la béatitude et de la liberté », qui toujours anima Spinoza. En mettant en évidence quelle nécessité relie les premières Propositions de la deuxième partie de l'*Éthique* (sur l'unicité originaire de l'âme-corps) à celles des dernières de la cinquième partie (en particulier sur l'éternité de l'âme), l'essai montre que cette paradoxale ontologie morale qu'est l'*Éthique* tient à la reconnaissance de la valeur absolue de notre existence singulière corporelle. L'énigmatique cinquième partie requiert ainsi la saisie de l'œuvre entière, de cette aventure philosophique que Spinoza vécut dès ses premiers démêlés ambivalents tant avec Descartes qu'avec la pensée médiévale juive.

CAHIERS PHILOSOPHIQUES

Derniers dossiers parus

Le travail du juge
Numéro 147 – 4e trim. 2016

John Stuart Mill
Numéro 148 – 1er trim. 2017

La mémoire
Numéro 149 – 2e trim. 2017

C. S. Peirce
Numéro 150 – 3e trim. 2017

Aperçus de la pensée stoïcienne
Numéro 151 – 4e trim. 2017

Le végétal, savoirs et pratiques (1)
Numéro 152 – 1er trim. 2018

Le végétal, savoirs et pratiques (2)
Numéro 153 – 2e trim. 2018

T. W. Adorno
Numéro 154 – 3e trim. 2018

Pensée statistique, pensée probabiliste
Numéro 155 – 4e trim. 2018

Walter Benjamin critique
Numéro 156 – 1er trim. 2019

Le paysage
Numéro 157 – 2e trim. 2019

Les limites du langage
Numéro 158 – 3e trim. 2019

Rêve et imagination : approches antiques
Numéro 159 – 4e trim. 2019

Embarras de la démocratie
Numéro 160 – 1er trim. 2020

R. Carnap
Numéro 161 – 2e trim. 2020

L'ornement
Numéro 162 – 3e trim. 2020

Penser par diagrammes
Numéro 163– 4e trim. 2020

Après la vérité?
Numéro 164– 1er trim. 2021

Varia
Numéro 165 – 2e trim. 2021

Auguste Comte
Numéro 166 – 3e trim. 2021

Lieux de l'utopie
Numéro 167 – 4e trim. 2021

Ginzburg et les croyances
Numéro 168 – 1er trim. 2022

Cahiers Philosophiques

BULLETIN D'ABONNEMENT

Par courrier : complétez et retournez le bulletin d'abonnement ci-dessous à :
Librairie Philosophique J. Vrin - 6 place de la Sorbonne, 75005 Paris, France
Par mail : scannez et retournez le bulletin d'abonnement ci-dessous à : abonnement@vrin.fr
Pour commander au numéro : www.vrin.fr ou contact@vrin.fr

RÈGLEMENT

❑ France
❑ Étranger

❑ Par chèque bancaire :
à joindre à la commande à l'ordre de Librairie Philosophique J. Vrin

❑ Par virement sur le compte :
BIC : PSSTFRPPPAR
IBAN : FR28 2004 1000 0100 1963 0T02 028

❑ Par carte visa :

____ ____ ____ ____

expire le : __ / __

CVC (3 chiffres au verso) : ___

Date :

Signature :

ADRESSE DE LIVRAISON

Nom
Prénom
Institution
Adresse

Ville
Code postal
Pays
Email

ADRESSE DE FACTURATION

Nom
Prénom
Institution
Adresse
Code postal
Pays

ABONNEMENT - 4 numéros par an

Titre	Tarif France	Tarif étranger	Quantité	Total
Abonnement 1 an - Particulier	46,00 €	60,00 €		
Abonnement 1 an - Institution	52,00 €	70,00 €		
			TOTAL À PAYER :	

Tarifs valables jusqu'au 30/06/2023

* Les tarifs ne comprennent pas les droits de douane, les taxes et redevance éventuelles, qui sont à la charge du destinataire à réception de son colis.

Achevé d'imprimer en décembre 2022 par La Manufacture - Imprimeur
52200 Langres – N° 221170 – Imprimé en France – Dépôt légal : déc. 2022